地理标志保护发展报告
（2022年度）

Report on Development of
Geographical Indications Protection
(2022)

国家知识产权局知识产权保护司　指导

知识产权出版社有限责任公司　编写

图书在版编目（CIP）数据

地理标志保护发展报告.2022年度/国家知识产权局知识产权保护司指导；知识产权出版社有限责任公司编写.—北京：知识产权出版社，2024.4
ISBN 978-7-5130-9189-3

Ⅰ.①地… Ⅱ.①国…②知… Ⅲ.①地理—标志—保护—研究报告—中国—2022 Ⅳ.①D923.434

中国国家版本馆CIP数据核字（2024）第028811号

责任编辑：王小玲　　　　　　　　　　责任校对：潘凤越
封面设计：智兴设计室·张国仓　　　　责任印制：孙婷婷

地理标志保护发展报告（2022年度）
国家知识产权局知识产权保护司　指导
知识产权出版社有限责任公司　编写

出版发行	知识产权出版社有限责任公司	网　　址	http://www.ipph.cn
社　　址	北京市海淀区气象路50号院	邮　　编	100081
责编电话	010-82000860转8252	责编邮箱	shdwxl2010@163.com
发行电话	010-82000860转8101/8102	发行传真	010-82000893/82005070/82000270
印　　刷	北京建宏印刷有限公司	经　　销	新华书店、各大网上书店及相关专业书店
开　　本	880mm×1230mm　1/16	印　　张	9.25
版　　次	2024年4月第1版	印　　次	2024年4月第1次印刷
字　　数	154千字	定　　价	98.00元
ISBN 978-7-5130-9189-3		审 图 号	GS京（2024）0487号

出版权专有　侵权必究
如有印装质量问题，本社负责调换。

编 委 会

组　　长：张志成
成　　员：王　琛　邵源渊　李　悦
　　　　　赵　铭　赵孟婕　李　捷
　　　　　沈　川　李　娟　陈　欣

目 录
CONTENTS

/1 第一章 工作综述

/4 第二章 认定保护

/19 第三章 保护监管

/32 第四章 涉外保护

/59 第五章 地方工作

/92 第六章 地理标志保护机构

/94 附录

第一章　工作综述

地理标志是重要的知识产权类型，是促进区域特色经济发展的有效载体，是推进乡村振兴的有力支撑，是推动外贸外交的重要领域，是保护和传承优秀传统文化的鲜活载体，也是企业参与市场竞争的重要资源。党中央、国务院高度重视地理标志保护工作，为落实习近平总书记有关地理标志工作的指示要求，深入贯彻落实党的二十大精神，全面落实《知识产权强国建设纲要（2021—2035 年）》《"十四五"国家知识产权保护和运用规划》有关要求，国家知识产权局扎实推进地理标志统一制度建设、统一专用标志、统一保护监管、统一对外合作，会同有关方面持续提升地理标志工作治理能力和治理水平，地理标志保护和管理各项工作不断取得新进展。

一是地理标志保护制度基础进一步夯实。2022 年，国家知识产权局建立专门工作机制，深入开展地理标志立法调研论证，加快推进地理标志统一立法工作。系统梳理地理标志领域国内法律法规文件、国际公约、多双边条约，编制出版《地理标志保护制度汇编：国内法律法规、国际公约及条约》。对地方立法工作加强指导，广东省出台了全国首部地理标志地方条例《广东省地理标志条例》，各地相继出台《山西老陈醋保护条例》《杭州市西湖龙井茶保护管理条例》等地理标志保护专门地方法规。

二是地理标志认定数量保持稳定合理增长。2022 年，国家知识产权局认定地理标志产品 5 个，核准地理标志作为集体商标、证明商标注册 514 件。截至 2022 年底，全国累计认定地理标志产品 2495 个（其中国外产品 140 个），地域范围涉及国内 31 个省（自治区、直辖市）及 24 个其他国家。以地理标志作为集体商标、证明商标注册 7076 件（其中国外商标 213 件），地域范围涉及国内 31 个省（自治区、直辖市）、台湾地区[1]及 12 个其他国家。

三是地理标志服务高质量发展综合效益日益明显。2022 年，核准使用地理标志专用标志经营主体 6373 家，其中，中小企业约占 69.06%。截至 2022 年底，核准使用地理标志专用标志经营主体达到 23484 家，惠及农民专业合作社和家庭农场 4283 家，约占 18.24%。2020 年、2021 年、2022 年地理标志产品直接产值连续突破 6000 亿元、7000 亿元、8000 亿元大关，2022 年达到 8381.19 亿元。截至 2022 年底，来自 497 个国家级贫困县[2]的 662 个产品获得地理标志产品保护，2022 年度直接产值达到 499.39 亿元。

四是地理标志保护水平不断提高。连续两年评选发布地理标志行政保护典型案例，指导地方发布地理标志领域行政执法和协同保护案例。2022 年，全国地理标志行政保护案件共结案 764 件，涉案金额共计 1055.45 万元，罚没金额共计 691.56 万元。地理标志保护相关举措被纳入长三角区域、黄河生态经济带、泛珠三角区域等知识产权保护协作机制，多地开展地理标志联合保护行动。安徽、浙江等地持续组织开展地理标志保护专项行动。福建、广东等地将地理标志专用标志合法使用人用标情况纳入市场"双随机、一公开"监管范围，聚焦重点地理标志产品，加大行政保护监管。

五是地理标志领域示范试点工作持续深化。地理标志专用标志使用核准改革首批 12 个试点地方全部通过验收，第二批试点增至 20 个省份，并进一步深化改革举措，探索建立地理标志保护检查对象随机抽查名录，建立地理标志专用标志使用异常名录，建立地理标志产品专用标志使用注销工作体系并组织实施。持续推进国家地理标志产品保护示范区建设，新批准筹建镇江香醋、贺兰山东麓葡萄酒等 29 个国家地理标志产品保护示范区，新建成英山云雾茶国家地理标志产品保护示范区。截至 2022 年底，全国共建设国家地理标志产品保护示范区 103 个，覆盖 31 个省（自治区、直辖市），示范区域内地理标志 2022 年度直接产值达 1514.47 亿元。

---

1 除直接列明香港、澳门、台湾外，其他全国数据均未包含港澳台地区。
2 参见 2014 年国家乡村振兴局公布的全国 832 个贫困县名单，载 https://www.nrra.gov.cn/art/2014/12/23/art_343_981.htm，2023 年 12 月 8 日访问。

六是地理标志保护体系不断完善。国家知识产权局指导全国知识管理标准化技术委员会地理标志分技术委员会推进9项国家标准制修订，并同步制定标准外文版。新制定发布地方标准150项、团体标准221项。地理标志保护产品专业化检验检测机构数量稳步增长，陕西省建立省级地理标志产品专门检验检测中心，全国地理标志产品检验检测机构达844家。推动原产地政府加强应用标准、检验检测、认证等质量基础设施建设，构建政府监管、集体管理、生产者自律的特色质量保证体系，加快建立数字化、网络化、智能化的地理标志特色质量保证体系。

七是地理标志国际合作持续推进。加强地理标志互认互保，完成《中华人民共和国政府与欧洲联盟地理标志保护与合作协定》（以下简称《中欧地理标志协定》）第二批350个产品清单公示，列入国家重大外交活动成果。推动中法地理标志合作议定书的落实，举办中法地理标志在线研讨会。与俄罗斯联邦知识产权局举行地理标志专家交流会，与瑞士联邦知识产权局举办地理标志专家会。推进中泰地理标志"3+3"项目。截至2022年底，通过单独申请、互认试点和协定互保等模式累计实现110个中国地理标志在欧盟获得保护，累计对来自法国、美国、英国、墨西哥、欧盟等国家和地区的140个外国地理标志产品实施保护，推动地理标志产品贸易不断发展。

八是地理标志宣传推广持续增强。加大涉外宣传力度，组织编写出版《〈中华人民共和国政府与欧洲联盟地理标志保护与合作协定〉中欧地理标志产品互认互保名录（中国产品第一批）》。依托中国国际服务贸易交易会、中国品牌日、全国知识产权宣传周、知识产权服务万里行、中国国际商标品牌节、中国知识产权年会等各种活动载体，展示地理标志保护成果，讲好地理标志故事，提高中国地理标志的影响力。2022年，全国各地共举行地理标志保护宣传活动763次，举办地理标志保护培训666次。

下一步，国家知识产权局将继续按照党中央、国务院关于强化知识产权保护的有关要求，提高地理标志保护法治化水平，健全地理标志保护体系，强化地理标志全链条保护，构建地理标志协同保护格局，推进地理标志特色产业发展与生态文明建设、历史文化传承等有机融合，推动实现地理标志高水平保护、高标准管理、高质量发展。

第二章 认定保护

2.1 地理标志产品认定数据概览

2.1.1 地理标志产品认定数量

2022年，国家知识产权局发布地理标志产品保护申请受理公告5期，受理地理标志产品保护申请182个（其中，国内产品9个，见附录1；国外产品173个）；发布批准实施地理标志产品保护公告2期，认定地理标志产品5个（见附录2）。

2018—2022年，认定地理标志产品182个（其中，国内产品103个，国外产品79个），其中，2018年认定67个[1]，2019年认定5个，2020年认定6个，2021年认定99个，2022年认定5个。截至2022年底，累计认定地理标志保护产品2495个（见图2-1-1）。

图2-1-1 2018—2022年认定地理标志产品数量

---

[1] 含2018年机构改革前，原国家质量监督检验检疫总局认定的地理标志保护产品46个。

2.1.2 地理标志产品分类

根据国家标准《地理标志认定 产品分类与代码（征求意见稿）》，2022 年新认定的 5 个国内地理标志产品，涉及果蔬及其制品类 1 个，酒类 1 个，香辛料及调味品类 2 个，中药材类 1 个。

截至 2022 年底，累计认定 2495 个地理标志产品，包含食用农林产品及食品 2042 个，非食用农林产品 36 个，中药材 274 个，手工艺品 143 个（见图 2-1-2）。

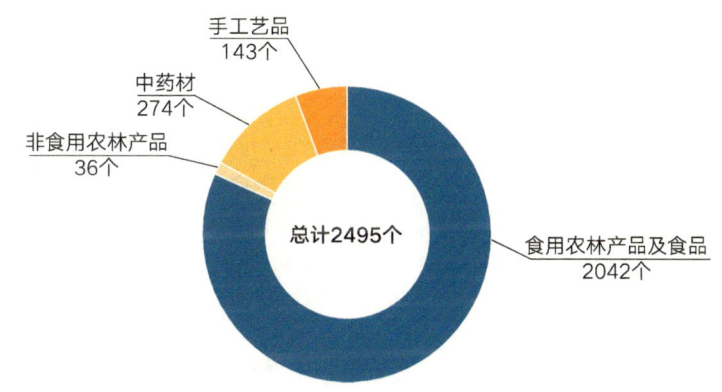

图 2-1-2　截至 2022 年底认定地理标志产品类别

2.1.3 地理标志产品地域分布

2022 年，新认定地理标志产品 5 个，保护地域分布于河北、云南、安徽、山东 4 个省（见表 2-1-1）。

表 2-1-1　2022 年认定地理标志产品地域分布

序号	省份	地理标志产品数量（个）
1	河北省	2
2	云南省	1
3	安徽省	1
4	山东省	1

截至 2022 年底，累计认定地理标志产品 2495 个，其中 2355 个国内地理标志产品的保护地域范围涉及国内 31 个省（自治区、直辖市），140 个国外产品的保护地域分布于 24 个国家（见附录 3、附录 4）。

2.1.4 地理标志产品保护申请不予受理和驳回情况

2022 年，不予受理和驳回地理标志产品保护申请 40 个，涉及 15 个省份，在

专栏 2-1：申请不予受理案件

1. 产品历史渊源不足

提交地理标志产品保护申请的"某某香椿",首次提交的证据材料中,清朝时期县志记载当地特产包括香椿,该内容可证明当地长期出产香椿但未能明确体现产品名称的持续使用时间。经补正,仍未能证明"某某香椿"作为产品名称长期用于生产和销售。据此,以"产品历史渊源不足"为由对该申请不予受理。

2. 产品知名度不高

提交地理标志产品保护申请的"某某硒米",申请材料提供了"某某乡富硒大米"获得"中国富硒好米入围奖"的证明,该内容不足以证明"某某硒米"在全国或国内一定区域具有较高知名度。据此,以"产品知名度不高"为由对该申请不予受理。

3. 产品具有良好生产和销售情况的佐证材料不足

提交地理标志产品保护申请的"某某香杉",申请材料仅提供了产品样品图片,未提供产品包装、产品生产销售合同及发票等佐证材料,不足以证明产品具有良好的生产和销售情况。据此,以"产品具有良好生产和销售情况的佐证材料不足"为由对该申请不予受理。

4. 材料造假

提交地理标志产品保护申请的"某某某矿泉水",申请材料中包含可证明产品名称在先使用、历史渊源的内容。经查,《某某县志》同一位置记载的为"某某蜜枣"而非"某某某矿泉水",其内容与实际情况不符,根据《地理标志产品保护规定》第十三条的规定,对该申请不予受理。

5. 申请保护的名称已经被列入《国家畜禽遗传资源品种名录》

提交地理标志产品保护申请的"某某黄牛",申请保护的名称已经被列入《国家畜禽遗传资源品种名录》,并已经在特定地域之外广泛使用,据此,以"申请保护的名称已经被列入《国家畜禽遗传资源品种名录》"为由对该申请不予受理。

形式审查阶段不予受理地理标志产品保护申请 39 个,技术审查阶段驳回 1 个,原因主要为"产品历史渊源不足""产品知名度不高""产品具有良好生产和销售情况的佐证材料不足""材料造假"等(见表 2-1-2)。

表 2-1-2　2022 年地理标志产品保护申请不予受理和驳回情况 [2]

序号	不予受理和驳回原因	数量(个)
1	产品历史渊源不足	29
2	产品知名度不高	29
3	产品具有良好生产和销售情况的佐证材料不足	29
4	材料造假	5
5	申请保护的名称已经被列入《国家畜禽遗传资源品种名录》	3
6	申请材料完备性不足	2
7	产品特色质量与产地自然因素和人文因素关联性不足	1
8	申请保护类别不明确、不具体	1
9	产品名称不符合地理标志产品命名规则	1

2018—2022 年,不予受理和驳回地理标志产品保护申请 98 个,涉及 19 个省份,在形式审查阶段不予受理地理标志产品保护申请 96 个,技术审查阶段驳回 2 个。原因主要为"产品具有良好生产和销售情况的佐证材料不足""产品历史渊源不足""材料造假""申请保护的地理标志产品产地范围与产品实际产地范围不符""申请保护的名称已经被列入《国家畜禽遗传资源品种名录》"等。

2.2　以地理标志作为集体商标、证明商标注册数据概览

2.2.1　以地理标志作为集体商标、证明商标注册数量

2022 年,以地理标志作为集体商标、证明商标注册量为 514 件,其中,证明商标注册量为 501 件,占比约 97.47%;集体商标注册量为 13 件,占比约 2.53%(见图 2-2-1、附录 5)。

---

[2] 一件地理标志产品保护申请存在多种不予受理和驳回并存的情形。

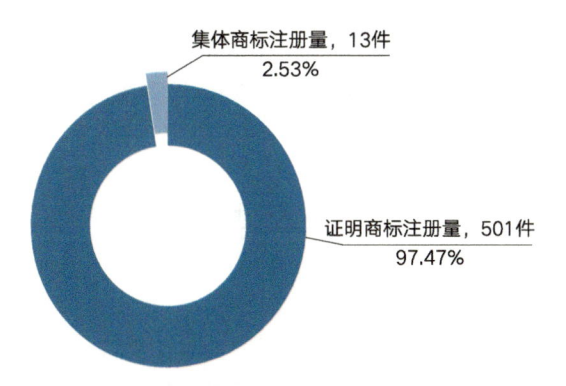

图 2-2-1 2022年以地理标志作为集体商标、证明商标注册量

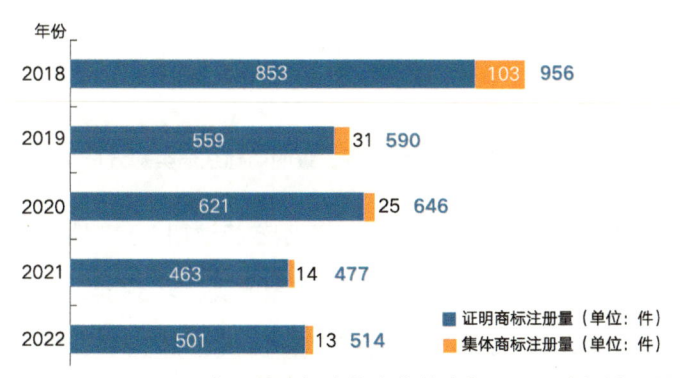

2018—2022年，以地理标志作为集体商标、证明商标注册量为3183件，其中，证明商标注册量为2997件，占比约94.16%；集体商标注册量为186件，占比约5.84%。2018年，以地理标志作为集体商标、证明商标注册量为956件，2019年注册量为590件，2020年注册量为646件，2021年注册量为477件（见表2-2-1、图2-2-2）。

表 2-2-1 2018—2022年以地理标志作为集体商标、证明商标注册量

（单位：件）

年份	总量	集体商标注册量	证明商标注册量
2018	956	103	853
2019	590	31	559
2020	646	25	621
2021	477	14	463
2022	514	13	501

图 2-2-2 2018—2022年以地理标志作为集体商标、证明商标注册量

6. 申请材料完备性不足

提交地理标志产品保护申请的"某某白花菜"，首次提交的材料中的检验报告未包含提供的产品标准规定的全部理化指标。第一次补正材料中检验报告的检验结论不符合提供的产品标准，第二次及第三次补正材料仍未克服上述问题。据此，以"申请材料完备性不足"为由对该申请不予受理。

7. 产品特色质量与产地自然因素和人文因素关联性不足

提交地理标志产品保护申请的"某某刺梨汁"，申请保护的产品形态为刺梨果汁。根据申请材料，产品加工工艺包括清洗、破碎、榨汁、过滤、杀菌等步骤，产品加工过程与产地自然因素、人文因素无明显关联性。据此，以"产品特色质量与产地自然因素和人文因素关联性不足"为由对该申请不予受理。

8. 申请保护类别不明确、不具体

提交地理标志产品保护申请的"某某王枣子"，根据申请材料，当地把王枣子嫩苗、茎叶炒菜吃，把叶子晒干作为茶叶饮用，用根部煎煮液兑蜂蜜当饮料，申请保护的产品没有通用的商品化形态，是一株植物。据此，以"申请保护类别不明确、不具体"为由对该申请不予受理。

9. 产品名称不符合地理标志产品命名规则

提交地理标志产品保护申请的"某某汉武御酒"，根据申请材料，"汉武御酒"名称取自"倾酒入泉"的典故，而非通用产品名称。据此，以产品名称"不符合地理标志产品命名规则"为由对该申请不予受理。

截至 2022 年底，以地理标志作为集体商标、证明商标注册量为 7076 件，其中，证明商标注册量为 6797 件，占比约 96.06%；集体商标注册量为 279 件，占比约 3.94%（见图 2-2-3）。

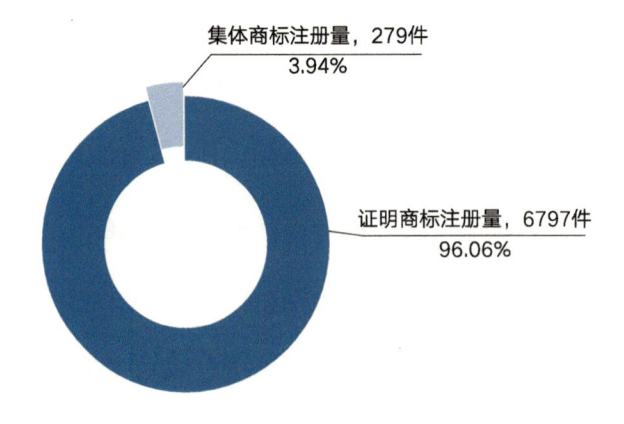

图 2-2-3　截至 2022 年底以地理标志作为集体商标、证明商标注册量

2.2.2　以地理标志作为集体商标、证明商标注册分类

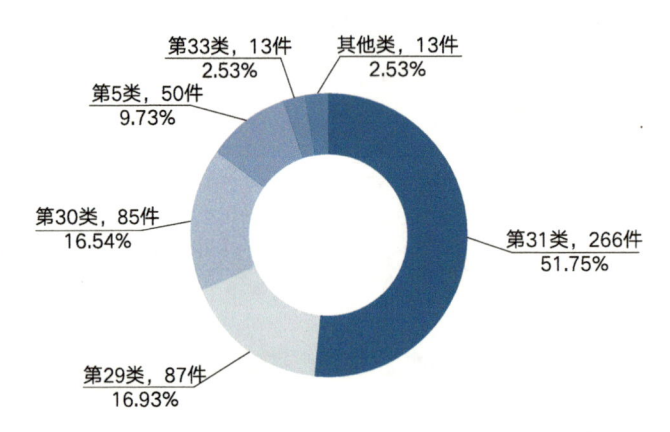

2022 年，以地理标志作为集体商标、证明商标注册 514 件，共涉及 12 个商品类别[3]，依次为第 31 类、第 29 类、第 30 类、第 5 类、第 33 类、第 22 类、第 34 类、第 26 类、第 21 类、第 24 类、第 27 类、第 3 类（见图 2-2-4）。

图 2-2-4　2022 年以地理标志作为集体商标、证明商标注册类别分布

截至 2022 年底，以地理标志作为集体商标、证明商标注册 7076 件，共涉及 28 个商品类别，依次为第 31 类、第 29 类、第 30 类、第 5 类、第 33 类、第 21 类、第 24 类、第 20 类、第 22 类、第 16 类、第 34 类、第 14 类、第 19 类、第 26 类、

3　所指类别依据《类似商品和服务区分表——基于尼斯分类第十一版》划分界定。

第13类、第27类、第4类、第2类、第3类、第15类、第25类、第1类、第28类、第8类、第18类、第23类、第32类、第11类（见图2-2-5）。

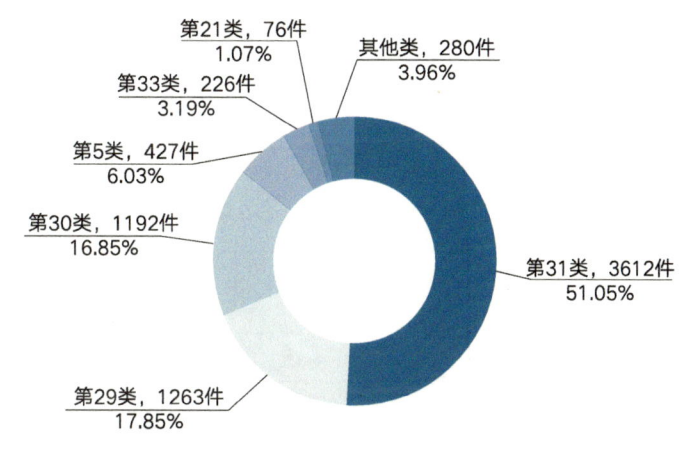

第21类，76件 1.07%
其他类，280件 3.96%
第33类，226件 3.19%
第5类，427件 6.03%
第30类，1192件 16.85%
第31类，3612件 51.05%
第29类，1263件 17.85%

图 2-2-5　截至 2022 年底以地理标志作为集体商标、证明商标注册类别分布

2.2.3　以地理标志作为集体商标、证明商标注册地域分布

2022 年，以地理标志作为集体商标、证明商标注册 514 件，地域范围涉及国内 28 个省（自治区、直辖市）及意大利、法国、西班牙 3 个国家。国内申请人注册量为 502 件，国外申请人注册量为 12 件（见附录 6、附录 7）。

截至 2022 年底，以地理标志作为集体商标、证明商标注册 7076 件，地域范围涉及国内 31 个省（自治区、直辖市）、台湾地区，以及 12 个其他国家。国内申请人注册量为 6849 件，占比约为 96.79%；国外申请人注册量为 227 件，占比约为 3.21%（见附录 8、附录 9）。

2.2.4　以地理标志作为集体商标、证明商标注册权利状态

截至 2022 年底，有 1539 件作为集体商标、证明商标注册的地理标志变更了申请人名义地址，以地理标志注册的 415 件集体商标、证明商标进行了转让，以地理标志注册的 2 件集体商标、证明商标被注销。

2.3 地理标志专用标志使用经营主体概览

2.3.1 地理标志专用标志核准情况

2022 年，新核准 6373 家经营主体使用地理标志专用标志[4]（见图 2-3-1）。浙江省、湖北省、福建省、山东省、安徽省、湖南省 6 个省份 2022 年新增地理标志专用标志使用经营主体数量超过 500 家。

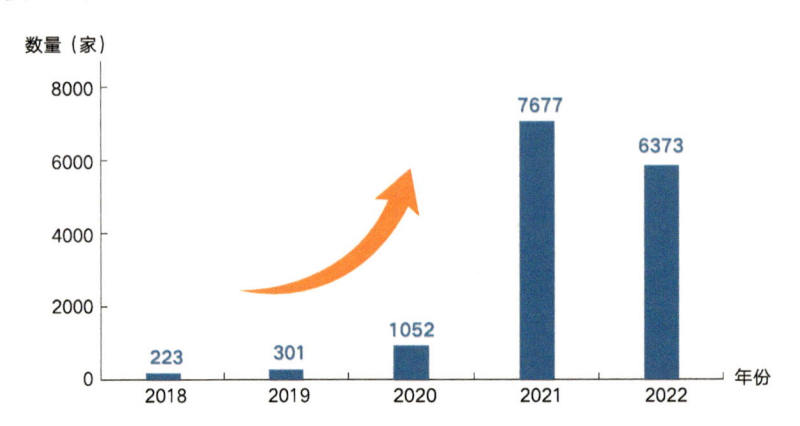

图 2-3-1　2018—2022 年核准地理标志专用标志使用经营主体数量

截至 2022 年底，累计核准 23484 家经营主体使用地理标志专用标志（见表 2-3-1）。

表 2-3-1　截至 2022 年底核准使用地理标志专用标志经营主体数量

序号	省份	累计核准用标企业数量（家）
1	浙江省	2460
2	福建省	2459
3	湖北省	1655
4	安徽省	1584
5	湖南省	1533
6	四川省	1510
7	江苏省	1468
8	山东省	1218
9	黑龙江省	1148
10	广东省	1033
11	河北省	672
12	广西壮族自治区	652
13	贵州省	623

---

[4] 经认定保护的地理标志产品同时作为集体商标或证明商标注册的，若某经营主体通过两种途径申请使用地理标志专用标志，则合并为一条统计数据。

续表

序号	省份	累计核准用标企业数量（家）
14	云南省	617
15	辽宁省	599
16	陕西省	581
17	甘肃省	548
18	吉林省	491
19	河南省	380
20	内蒙古自治区	305
21	新疆维吾尔自治区	291
22	重庆市	277
23	宁夏回族自治区	252
24	江西省	249
25	山西省	249
26	海南省	227
27	上海市	201
28	青海省	62
29	天津市	57
30	北京市	55
31	西藏自治区	18
32	新疆生产建设兵团	10
合计		23484

2.3.2　地理标志专用标志使用规模

截至 2022 年底，累计有 23484 家地理标志专用标志使用经营主体。地理标志专用标志使用经营主体规模超过 100 家的有武夷岩茶、五常大米、福鼎白茶、新会陈皮、武夷红茶、龙井茶、建盏、霍山石斛、盘锦大米、德化白瓷、新会柑、凤凰单丛（枞）茶 12 个地理标志产品；以地理标志注册的"秭归脐橙"集体商标；以地理标志注册的"象山柑橘""龙井茶 LongjingTea""六安瓜片""乳山牡蛎""利川红""安化黑茶""迁西板栗""中宁""凤冈锌硒茶""五常大米"10 件证明商标。其中，地理标志产品武夷岩茶用标经营主体规模最大，超过 600 家（见图 2-3-2、图 2-3-3、图 2-3-4）。

图 2-3-2 截至 2022 年底地理标志专用标志使用经营主体数量（排名前 12）

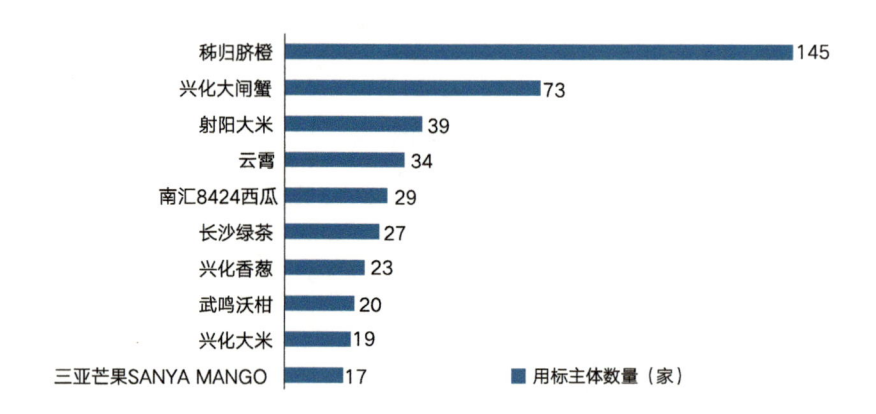

名称	用标主体数量（家）
武夷岩茶	619
五常大米	515
福鼎白茶	385
新会陈皮	279
武夷红茶	179
龙井茶	169
建盏	158
霍山石斛	145
盘锦大米	145
德化白瓷	122
新会柑	115
凤凰单丛(枞)茶	109

图 2-3-3 截至 2022 年底以地理标志注册集体商标地理标志专用标志使用经营主体数量（排名前 10）

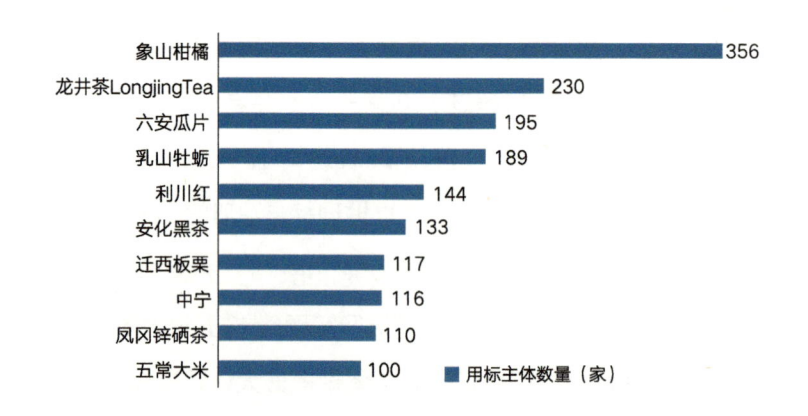

名称	用标主体数量（家）
秭归脐橙	145
兴化大闸蟹	73
射阳大米	39
云霄	34
南汇8424西瓜	29
长沙绿茶	27
兴化香葱	23
武鸣沃柑	20
兴化大米	19
三亚芒果SANYA MANGO	17

图 2-3-4 截至 2022 年底以地理标志注册证明商标地理标志专用标志使用经营主体数量（排名前 10）

名称	用标主体数量（家）
象山柑橘	356
龙井茶LongjingTea	230
六安瓜片	195
乳山牡蛎	189
利川红	144
安化黑茶	133
迁西板栗	117
中宁	116
凤冈锌硒茶	110
五常大米	100

2.3.3　地理标志专用标志使用经营主体类型

2022年新核准使用地理标志专用标志的经营主体涵盖大中小微型企业[5]，其中，小微企业约占69.06%（见表2-3-2）。截至2022年底，核准使用地理标志专用标志的经营主体涵盖科研院所、社会团体、农民专业合作社等经营主体类型，其中，农民专业合作社和家庭农场共4283家，约占18.24%。

表 2-3-2　地理标志专用标志使用经营主体类型

企业类型	占比（%）
大型企业	1.58
中型企业	15.99
小型企业	41.07
微型企业	27.99
其他	13.37

2.3.4　地理标志专用标志使用覆盖率[6]

2.3.4.1　地理标志产品生产者使用专用标志覆盖率

截至2022年底，2355个国内地理标志产品中，1197个地理标志产品有经营主体使用地理标志专用标志，地理标志专用标志使用覆盖率达到50.83%。其中，安徽省、海南省2个省份用标覆盖率超过80%；北京市、青海省2个省份用标覆盖率超过70%；宁夏回族自治区、吉林省、上海市、广东省、河北省5个省份用标覆盖率超过或等于60%；四川省、辽宁省、贵州省、广西壮族自治区、陕西省、湖南省、新疆维吾尔自治区7个省份用标覆盖率超过50%（见图2-3-5）。

5　依据中华人民共和国财政部和国家税务总局联合印发的《关于小型微利企业所得税优惠政策有关问题的通知》确定。

6　地理标志专用标志使用覆盖率是指，有生产者使用地理标志专用标志的地理标志产品占所有国内地理标志产品的百分比；有商标集体成员使用地理标志专用标志的集体商标占所有国内以地理标志注册的集体商标的百分比；有商标被许可人使用地理标志专用标志的证明商标占所有国内以地理标志注册的证明商标的百分比。

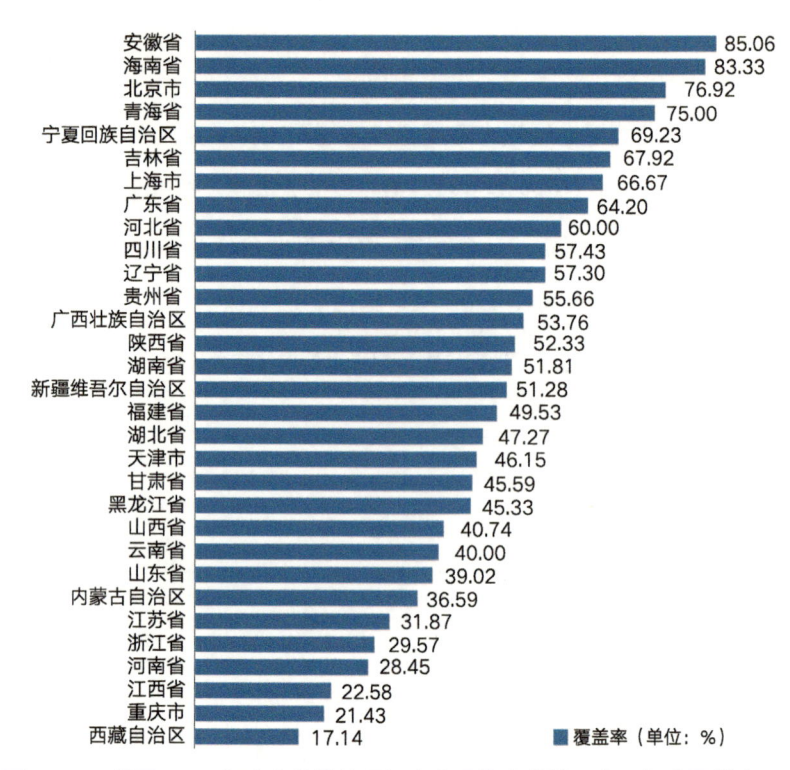

省份	覆盖率（单位：%）
安徽省	85.06
海南省	83.33
北京市	76.92
青海省	75.00
宁夏回族自治区	69.23
吉林省	67.92
上海市	66.67
广东省	64.20
河北省	60.00
四川省	57.43
辽宁省	57.30
贵州省	55.66
广西壮族自治区	53.76
陕西省	52.33
湖南省	51.81
新疆维吾尔自治区	51.28
福建省	49.53
湖北省	47.27
天津市	46.15
甘肃省	45.59
黑龙江省	45.33
山西省	40.74
云南省	40.00
山东省	39.02
内蒙古自治区	36.59
江苏省	31.87
浙江省	29.57
河南省	28.45
江西省	22.58
重庆市	21.43
西藏自治区	17.14

图 2-3-5　截至 2022 年底各省份地理标志产品生产者使用专用标志覆盖率

2.3.4.2　以地理标志注册的集体商标集体成员使用地理标志专用标志覆盖率

截至 2022 年底，256 件国内以地理标志注册的集体商标中，82 件集体商标的集体成员使用地理标志专用标志，地理标志专用标志使用覆盖率达到 32.03%。

2.3.4.3　以地理标志注册的证明商标被许可人使用地理标志专用标志覆盖率

截至 2022 年底，6593 件国内以地理标志注册的证明商标中，1988 件证明商标的被许可人使用地理标志专用标志，地理标志专用标志使用覆盖率达到 30.15%。

2.3.5　地理标志专用标志变更、注销情况

2.3.5.1　地理标志专用标志变更使用注册登记情况

2022 年，变更地理标志专用标志使用经营主体 54 家，其中，由地理标志专用标志使用核准改革试点省份的省级知识产权局变更 21 家，变更原因为企业名称变更。

2018—2022 年，共变更地理标志专用标志使用经营主体 526 家，变更原因为企业名称变更。

2.3.5.2　地理标志专用标志注销使用注册登记情况

2022 年，以"企业已注销""营业执照被吊销"等为由，注销 59 家经营主体的

地理标志专用标志使用注册登记。其中，由地理标志专用标志使用核准改革试点省份的省级知识产权局注销 17 家。

2018—2022 年，以"企业已注销""营业执照被吊销""企业登记网上注册申报服务系统中无该企业名称""被撤销登记""法人登记已注销"等为由，注销 724 家经营主体的地理标志专用标志使用注册登记。其中，由地理标志专用标志使用核准改革试点省份的省级知识产权局注销 17 家。

2.4 使用地理标志专用标志的地理标志产品直接产值概览 [7]

2.4.1 2022 年地理标志直接产值

2022 年，我国地理标志直接产值为 8381.19 亿元 [8]，同比增长 19.16%（见图 2-4-1）。其中，地理标志产品用标经营主体年度总产值 4981.41 亿元，占比 59.44%，同比增长 3.49%；以地理标志注册的集体商标用标经营主体年度总产值 364.72 亿元，占比 4.35%，同比增长 72.09%；以地理标志注册的证明商标用标经营主体年度总产值 3035.04 亿元，占比 36.21%，同比增长 51.12%。使用地理标志专用标志的地理标志产品平均年产值约 4.16 亿元，以地理标志注册的集体商标、证明商标商品平均年产值约 1.64 亿元。

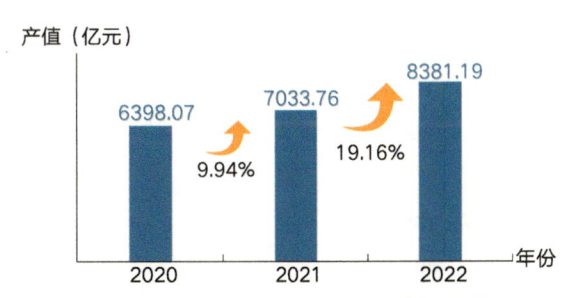

图 2-4-1　2020—2022 年地理标志直接产值

2.4.2 2022 年各省份地理标志直接产值

地理标志产品方面，四川省用标经营主体年度直接产值超过 1000 亿元；贵州

---

[7] 地理标志直接产值是指，获得地理标志专用标志使用资格的经营主体与地理标志生产经营直接相关的年度产值。

[8] 关于地理标志专用标志使用经营主体直接产值的统计口径：2022 年 12 月，国家知识产权局印发通知组织在全国范围内开展 2022 年度地理标志专用标志使用监管报告填报工作。根据 31 个省级知识产权局报送的地理标志专用标志使用监管数据，截至 2022 年底，累计核准地理标志专用标志使用经营主体 23484 家，上述经营主体 2022 年与地理标志产品生产经营直接相关的年度生产总值为 8381.19 亿元。

省用标经营主体年度直接产值超过 500 亿元；湖南省、安徽省、黑龙江省、福建省、广东省、湖北省、山东省、浙江省、陕西省 9 个省份用标经营主体年度直接产值超过 100 亿元。

以地理标志注册的集体商标方面，江苏省用标经营主体年度直接产值超过 100 亿元。

以地理标志注册的证明商标方面，四川省、湖南省、福建省、江苏省、湖北省、安徽省、山东省、黑龙江省、新疆维吾尔自治区、浙江省 10 个省份用标经营主体年度直接产值超过 100 亿元（见表 2-4-1）。

表 2-4-1　2022 年各省（自治区、直辖市）地理标志直接产值　（单位：亿元）

序号	省份	地理标志产品直接产值	集体商标直接产值	证明商标直接产值	小计
1	四川省	1687.19	26.87	381.86	2095.92
2	贵州省	744.86	0.00	39.26	784.12
3	湖南省	366.23	24.09	362.48	752.80
4	江苏省	80.26	237.84	148.02	466.12
5	安徽省	303.54	6.73	148.81	459.08
6	黑龙江省	312.92	0.00	122.88	435.80
7	福建省	210.27	8.49	216.92	435.68
8	湖北省	133.35	33.78	261.89	429.02
9	山东省	134.94	0.00	273.36	408.30
10	新疆维吾尔自治区	19.23	0.00	225.68	244.91
11	浙江省	112.09	0.00	106.45	218.54
12	广东省	186.57	0.00	6.63	193.20
13	陕西省	141.59	0.18	34.13	175.90
14	江西省	56.96	0.00	96.27	153.23
15	广西壮族自治区	65.83	0.00	73.21	139.04
16	云南省	58.89	0.00	69.70	128.59
17	辽宁省	77.96	0.00	42.18	120.14
18	吉林省	36.94	0.14	80.56	117.64
19	河北省	34.55	0.65	61.23	96.43
20	重庆市	2.26	23.20	66.93	92.39
21	甘肃省	32.16	0.00	52.65	84.81

续表

序号	省份	地理标志产品直接产值	集体商标直接产值	证明商标直接产值	小计
22	海南省	66.98	0.40	15.20	82.58
23	内蒙古自治区	31.00	1.00	38.00	70.00
24	河南省	34.00	0.00	30.00	64.00
25	山西省	14.88	0.00	36.93	51.81
26	宁夏回族自治区	22.58	0.01	12.73	35.32
27	天津市	6.97	0.00	12.87	19.84
28	青海省	1.00	0.00	14.00	15.00
29	上海市	2.86	1.36	2.11	6.33
30	西藏自治区	1.91	0.00	0.58	2.49
31	北京市	0.64	0.00	1.54	2.18
合计		4981.41	364.72	3035.04	8381.21

2.4.3　2022年各类地理标志直接产值

我国地理标志产品直接产值排名前10位的分别为茅台酒（贵州茅台酒），五粮液，五常大米，浏阳花炮，剑南春酒，国窖1573、泸州老窖特曲，郎酒，郫县豆瓣，古井贡酒，东坡泡菜；以地理标志注册的集体商标直接产值排名前10位的分别为兴化大闸蟹、兴化大米、秭归脐橙、射阳大米、南溪白酒、震泽蚕丝、长沙绿茶、兴化香葱、阜宁大米、金湖龙虾；以地理标志注册的证明商标直接产值排名前10位的分别为库尔勒香梨、金乡大蒜、东坡泡菜、福鼎白茶、青川黑木耳、安化黑茶、柳州螺蛳粉、七佛贡茶、宁德大黄鱼、庆安大米（见图2-4-2、图2-4-3、图2-4-4）。

名称	直接产值（单位：亿元）
茅台酒(贵州茅台酒)	677.75
五粮液	448.41
五常大米	197.18
浏阳花炮	176.42
剑南春酒	176.30
国窖1573、泸州老窖特曲	175.25
郎酒	158.22
郫县豆瓣	140.10
古井贡酒	135.00
东坡泡菜	93.20

图2-4-2　2022年地理标志产品直接产值（排名前10）

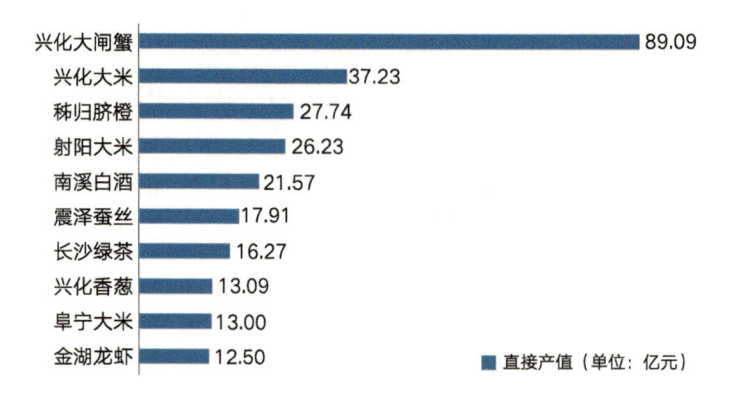

产品	直接产值（单位：亿元）
兴化大闸蟹	89.09
兴化大米	37.23
秭归脐橙	27.74
射阳大米	26.23
南溪白酒	21.57
震泽蚕丝	17.91
长沙绿茶	16.27
兴化香葱	13.09
阜宁大米	13.00
金湖龙虾	12.50

图 2-4-3　2022 年以地理标志注册的集体商标直接产值（排名前 10）

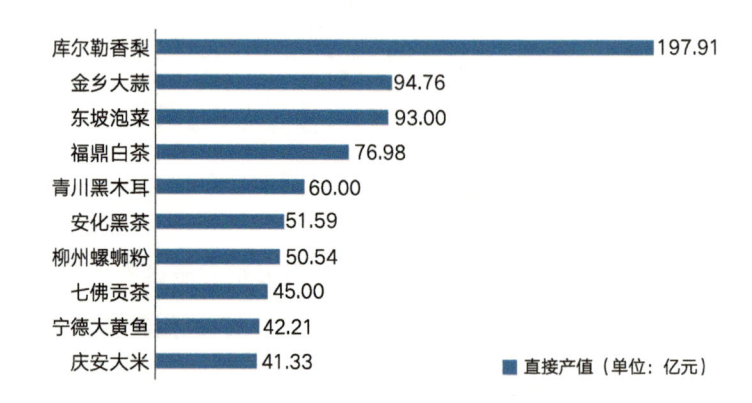

产品	直接产值（单位：亿元）
库尔勒香梨	197.91
金乡大蒜	94.76
东坡泡菜	93.00
福鼎白茶	76.98
青川黑木耳	60.00
安化黑茶	51.59
柳州螺蛳粉	50.54
七佛贡茶	45.00
宁德大黄鱼	42.21
庆安大米	41.33

图 2-4-4　2022 年以地理标志注册的证明商标直接产值（排名前 10）

第三章　保护监管

3.1　深入落实地理标志保护政策

3.1.1　实施《地理标志保护和运用"十四五"规划》

2022年，国家知识产权局坚持以习近平新时代中国特色社会主义思想为指导，深入学习贯彻党的二十大精神和习近平总书记重要讲话精神，全面落实《知识产权强国建设纲要（2021—2035年）》《"十四五"国家知识产权保护和运用规划》关于地理标志工作的部署要求，以高水平保护、高质量发展、高标准建设、高效益运用为主线，认真实施《地理标志保护和运用"十四五"规划》，各项目标任务稳步推进，多项指标超预期实现，地理标志保护和运用工作取得明显成效。地理标志立法工作加快推进，地理标志产品量质齐升，地理标志领域改革持续深化，地理标志保护和运用迈向更高水平，地理标志对外合作持续推进。

3.1.2　落实《关于进一步加强地理标志保护的指导意见》

自2021年5月《国家知识产权局　国家市场监督管理总局关于进一步加强地理标志保护的指导意见》印发以来，知识产权系统、市场监督管理系统按照分工安排，扎实推动各项任务举措落实落细，取得显著成效。

一是地理标志保护工作基础进一步夯实。地理标志统一立法工作加快推进，地理标志保护政策制度体系不断完善，地理标志审查认定更加严格，地理标志专用标志核准改革进一步走深走实。二是地理标志保护业务体系进一步完善。地理标志特色质量保证体系不断完善，地理标志保护标准体系进一步健全，地理标志检验检测体系不断强化。三是地理标志行政保护进一步加强。严厉打击地理标志侵权假冒行为，强化涉及地理标志的企业名称登记注册管理，加强地理标志专用标志使用监管。四是地理标志协同保护工作格局进一步显现。加强地理标志区域执法协作，探索开展地理标志侵权线索预警监测，深入推进地理标志国际合作。

3.1.3 各地地理标志保护法治基础不断夯实

2022 年，国家知识产权局成立地理标志法律制度完善专项工作组，召开 22 次工作组会议、10 次局长办公会。围绕地理标志保护、管理、运用促进和公共服务等开展专题研究，赴四川、浙江等 7 个省市进行实地调研和座谈交流，赴农业农村部、商务部等 6 个部委以及最高人民法院进行沟通交流，面向地方发放并回收调查问卷 1670 份，形成调研报告 9 份、论证报告 4 份，为地理标志立法提供有力支持。

2022 年 11 月 30 日，广东省第十三届人民代表大会常务委员会第四十七次会议审议通过了《广东省地理标志条例》，条例共 28 条，于 2023 年 1 月 1 日起正式施行。该条例是全国首部地理标志保护地方性法规，充分吸收了广东地理标志以往工作中的优秀经验与做法，为广东省的地理标志工作提供了有力的法治保障。《山西老陈醋保护条例》于 2022 年 1 月 1 日起施行，对山西老陈醋的生产经营、传统工艺、知识产权保护、文化传承、技术创新以及监督管理等活动分别作出了相应规定，为保护山西老陈醋品牌和工艺特色，保障山西老陈醋品质，传承和弘扬山西老陈醋传统文化，全方位推动山西老陈醋地理标志产业高质量发展提供直接依据。《杭州市西湖龙井茶保护管理条例》于 2022 年 3 月 1 日起施行，从文化传承与产业发展、品质保护与提升、品牌保护与标识管理等方面，将实践中好的经验做法固化下来，凝练成制度化、法制化成果，多维度、系统化地加强西湖龙井茶的保护管理。《上海市浦东新区建立高水平知识产权保护制度若干规定》于 2021 年 12 月 1 日起施行，明确禁止 5 种违反地理标志保护规定的行为，并规定了详细法则，有效提高了地区地理标志保护水平和力度。

3.2 建立健全地理标志保护标准体系

3.2.1 推动地理标志产品国家标准制修订

2022年4月,国家知识产权局指导全国知识管理标准化技术委员会地理标志分技术委员会组织开展相关工作。完善《地理标志认定 产品分类与代码》中英文国家标准草案技术内容。推动《地理标志 基础术语》列入2022年第二批推荐性国家计划及相关标准外文版计划。推动9项地理标志产品类国家标准建议项目列入2022年第三批推荐性国家计划及相关标准外文版计划,包括对《地理标志产品质量要求 五常大米》等5项标准予以修订,对《地理标志产品质量要求 普洱咖啡》等4项标准予以制定,并对9项产品标准同步制定标准外文版。

截至2022年底,已制定发布地理标志保护国家标准147项,其中,基础通用标准1项,产品标准146项(见附录10);正式立项研制国家标准11项,其中,基础通用标准2项,产品标准9项(见附录11)。

3.2.2 组织完成地理标志产品国家标准复审工作

2022年3—4月,国家知识产权局指导全国知识管理标准化技术委员会地理标志分技术委员会按照《国家标准化管理委员会关于开展推荐性国家标准复审工作的通知》(国标委发〔2022〕10号)的部署和要求,对12项地理标志产品国家标准完成了复审工作。先从标准的适用性、规范性、时效性、协调性和实施效果以及其他情况六方面进行了预评估,组织召开了标准复审项目研讨会,并在系统发起全体委员投票。复审结论为继续有效11项、修订1项、整合修订0项、废止0项。

3.2.3 加强地理标志保护地方标准体系建设

2022年,全国各省(自治区、直辖市)新制定发布150项地理标志地方标准。截至2022年底,全国各省(自治区、直辖市)累计已制定发布2056项地理标志地方标准(见图3-2-1)。

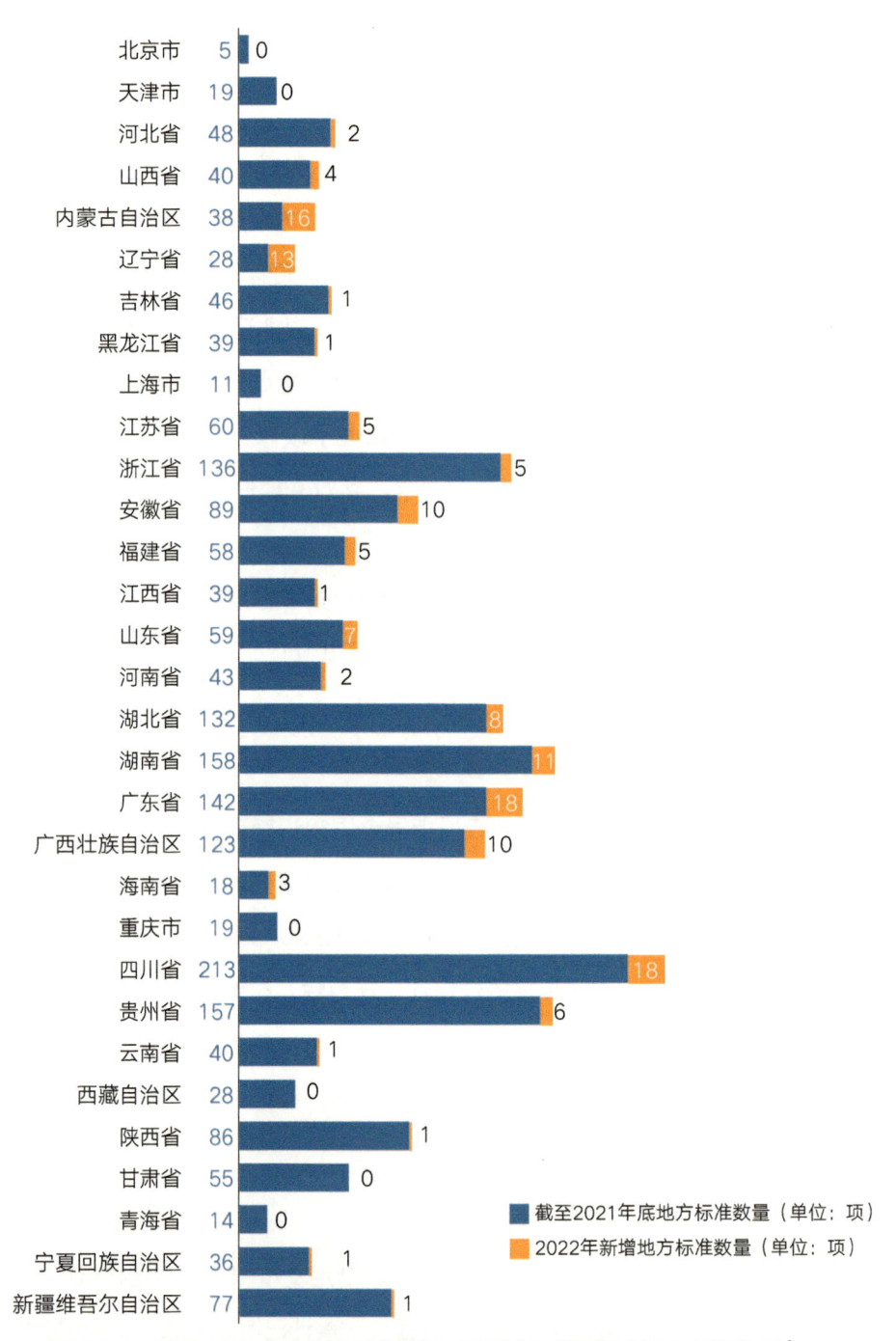

省份	截至2021年底地方标准数量	2022年新增地方标准数量
北京市	5	0
天津市	19	0
河北省	48	2
山西省	40	4
内蒙古自治区	38	16
辽宁省	28	13
吉林省	46	1
黑龙江省	39	1
上海市	11	0
江苏省	60	5
浙江省	136	5
安徽省	89	10
福建省	58	5
江西省	39	1
山东省	59	7
河南省	43	2
湖北省	132	8
湖南省	158	11
广东省	142	18
广西壮族自治区	123	10
海南省	18	3
重庆市	19	0
四川省	213	18
贵州省	157	6
云南省	40	1
西藏自治区	28	0
陕西省	86	1
甘肃省	55	0
青海省	14	0
宁夏回族自治区	36	1
新疆维吾尔自治区	77	1

图 3-2-1 截至 2022 年底各省（自治区、直辖市）地理标志地方标准数量[1]

3.2.4　加强地理标志保护标准协调配套

2022 年，新制定发布 3 项地理标志行业标准、221 项地理标志团体标准。截

1　已废止的地方标准不计入当前总数。

至 2022 年底，累计已制定发布 114 项地理标志行业标准、1226 项地理标志团体标准（见图 3-2-2）。

省（自治区、直辖市）	截至2021年底团体标准数量（单位：项）	2022年新增团体标准数量（单位：项）
北京市	0	0
天津市	2	1
河北省	73	23
山西省	38	2
内蒙古自治区	22	12
辽宁省	10	5
吉林省	85	0
黑龙江省	22	2
上海市	8	1
江苏省	66	9
浙江省	120	44
安徽省	42	11
福建省	63	15
江西省	5	2
山东省	103	28
河南省	0	0
湖北省	102	3
湖南省	95	14
广东省	58	7
广西壮族自治区	37	4
海南省	50	9
重庆市	70	10
四川省	104	11
贵州省	15	0
云南省	15	5
西藏自治区	0	0
陕西省	0	0
甘肃省	0	0
青海省	0	0
宁夏回族自治区	13	1
新疆维吾尔自治区	8	2

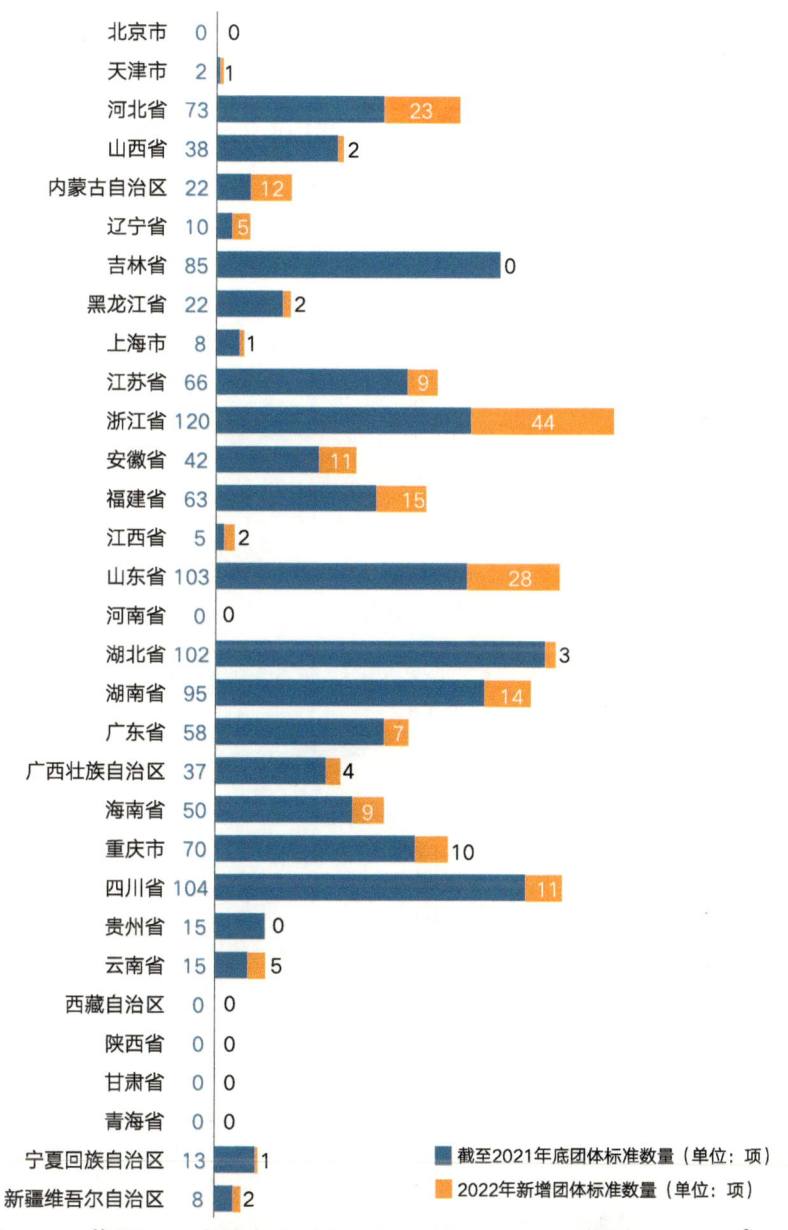

图 3-2-2 截至 2022 年底各省（自治区、直辖市）地理标志团体标准数量 [2]

3.3 持续加大地理标志保护力度

3.3.1 地理标志行政保护案件信息

2022 年，地理标志行政保护案件共结案 764 件，同比减少 46.05%；涉案金

---

[2] 已废止的团体标准不计入当前总数。

额共计 1055.45 万元，同比增加 13.74%；罚没金额共计 691.56 万元，同比减少 46.88%。

审结案件中，地理标志产品案件结案量占 36.91%，涉案金额达 504.36 万元，同比增加 130.85%，罚没金额达 416.51 万元，同比减少 35.49%；集体商标、证明商标案件结案量占 63.09%，涉案金额达 551.09 万元，同比减少 22.32%，罚没金额达 275.05 万元，同比减少 58.11%（见图 3-3-1、图 3-3-2、图 3-3-3）。

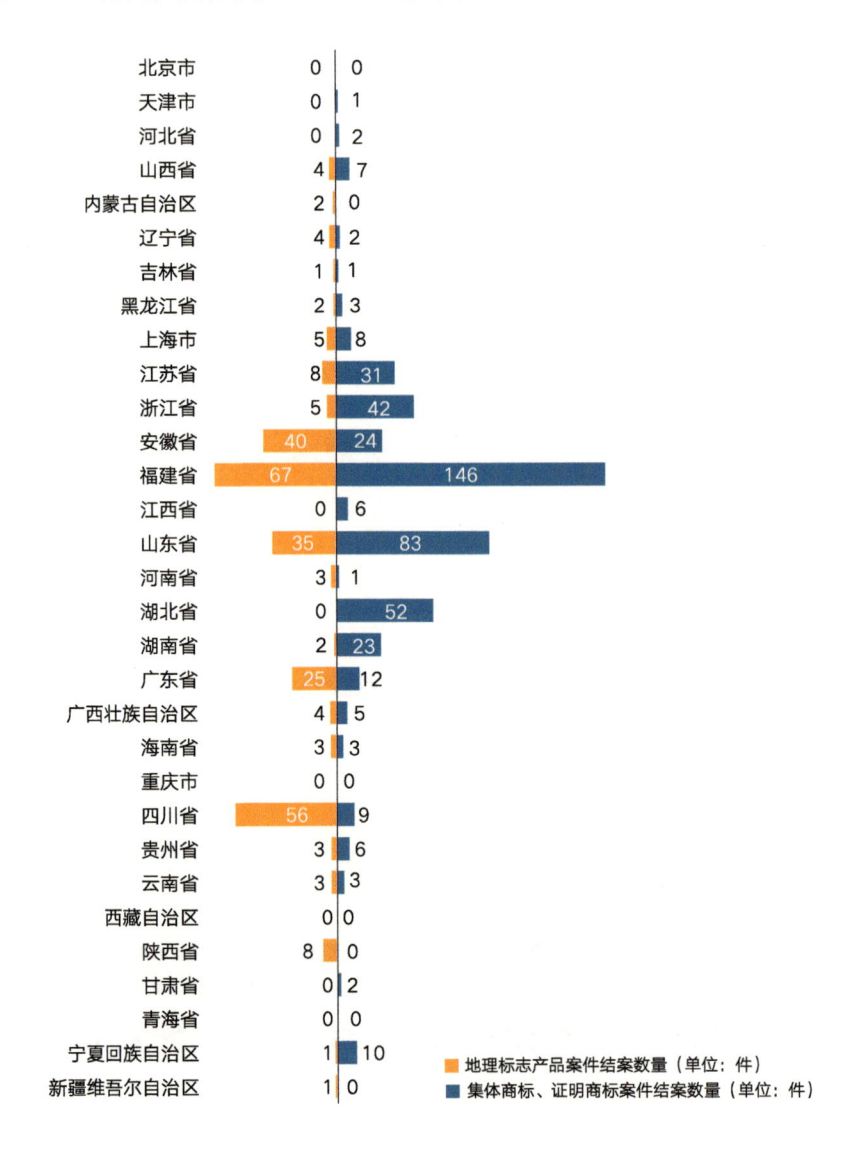

地区	地理标志产品案件结案数量（件）	集体商标、证明商标案件结案数量（件）
北京市	0	0
天津市	0	1
河北省	0	2
山西省	4	7
内蒙古自治区	2	0
辽宁省	4	2
吉林省	1	1
黑龙江省	2	3
上海市	5	8
江苏省	8	31
浙江省	5	42
安徽省	40	24
福建省	67	146
江西省	0	6
山东省	35	83
河南省	3	1
湖北省	0	52
湖南省	2	23
广东省	25	12
广西壮族自治区	4	5
海南省	3	3
重庆市	0	0
四川省	56	9
贵州省	3	6
云南省	3	3
西藏自治区	0	0
陕西省	8	0
甘肃省	0	2
青海省	0	0
宁夏回族自治区	1	10
新疆维吾尔自治区	1	0

图 3-3-1　2022 年各省（自治区、直辖市）地理标志案件结案数量

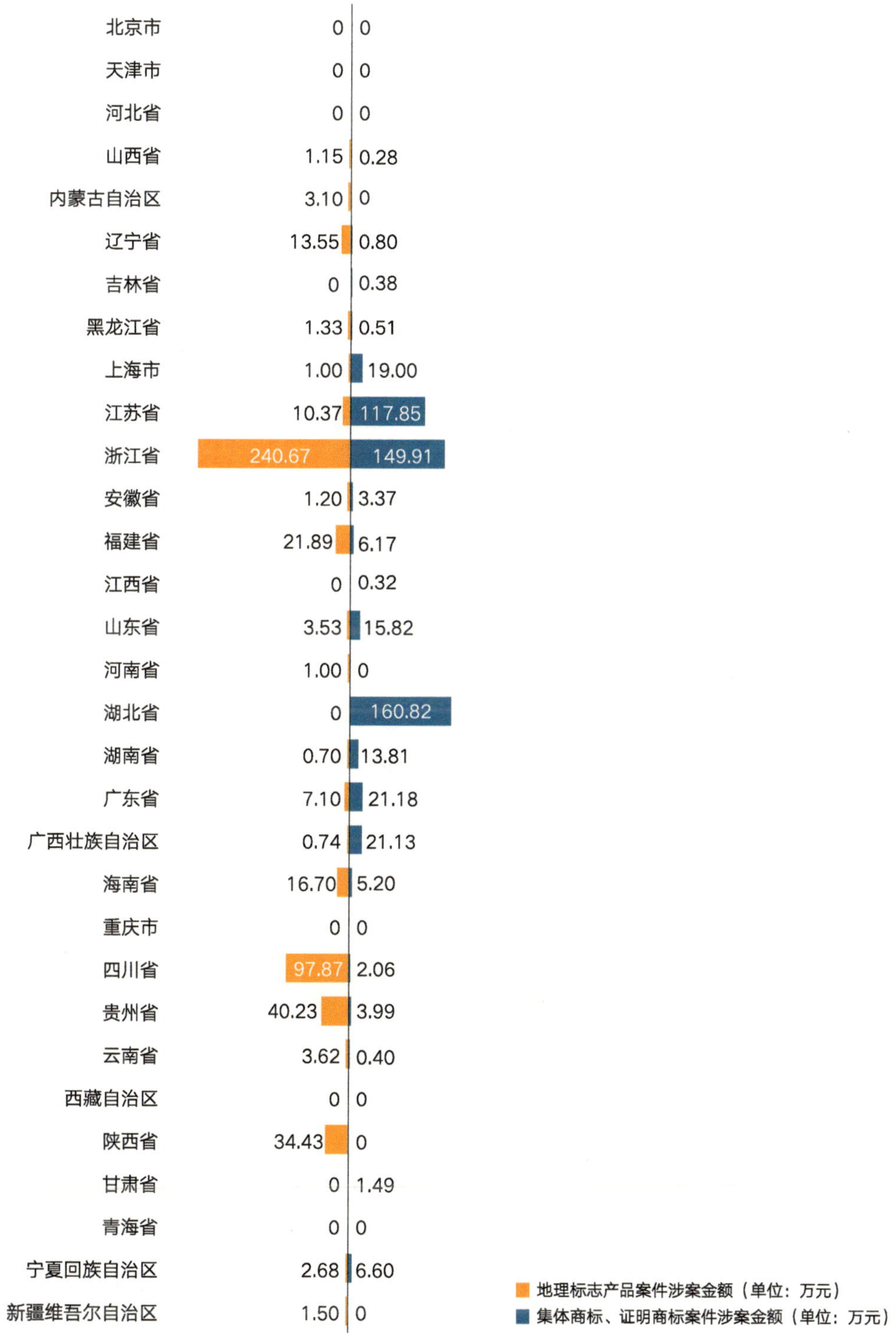

地区	地理标志产品案件涉案金额（单位：万元）	集体商标、证明商标案件涉案金额（单位：万元）
北京市	0	0
天津市	0	0
河北省	0	0
山西省	1.15	0.28
内蒙古自治区	3.10	0
辽宁省	13.55	0.80
吉林省	0	0.38
黑龙江省	1.33	0.51
上海市	1.00	19.00
江苏省	10.37	117.85
浙江省	240.67	149.91
安徽省	1.20	3.37
福建省	21.89	6.17
江西省	0	0.32
山东省	3.53	15.82
河南省	1.00	0
湖北省	0	160.82
湖南省	0.70	13.81
广东省	7.10	21.18
广西壮族自治区	0.74	21.13
海南省	16.70	5.20
重庆市	0	0
四川省	97.87	2.06
贵州省	40.23	3.99
云南省	3.62	0.40
西藏自治区	0	0
陕西省	34.43	0
甘肃省	0	1.49
青海省	0	0
宁夏回族自治区	2.68	6.60
新疆维吾尔自治区	1.50	0

图 3-3-2　2022 年各省（自治区、直辖市）地理标志案件涉案金额

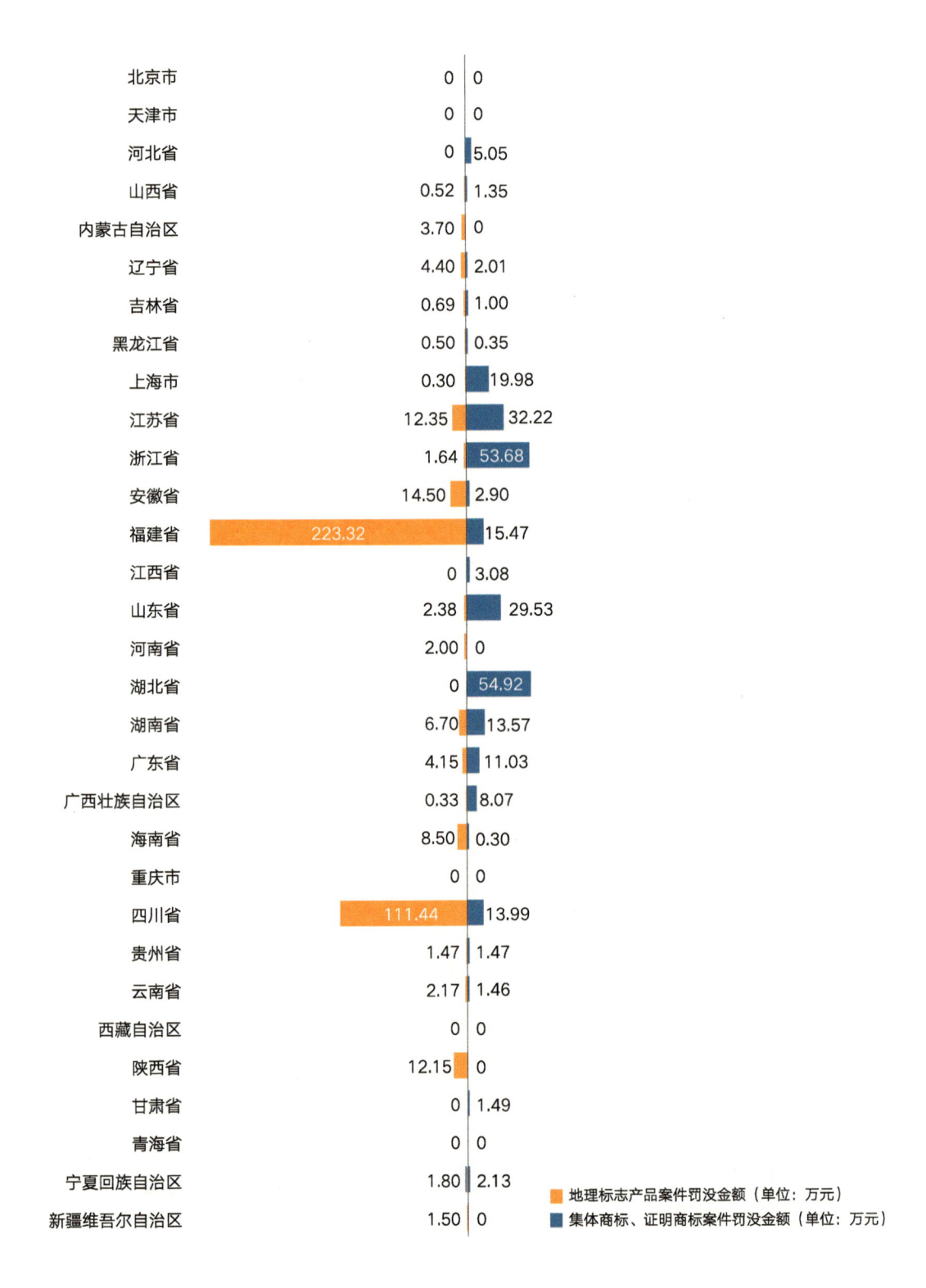

省份	地理标志产品案件罚没金额（单位：万元）	集体商标、证明商标案件罚没金额（单位：万元）
北京市	0	0
天津市	0	0
河北省	0	5.05
山西省	0.52	1.35
内蒙古自治区	3.70	0
辽宁省	4.40	2.01
吉林省	0.69	1.00
黑龙江省	0.50	0.35
上海市	0.30	19.98
江苏省	12.35	32.22
浙江省	1.64	53.68
安徽省	14.50	2.90
福建省	223.32	15.47
江西省	0	3.08
山东省	2.38	29.53
河南省	2.00	0
湖北省	0	54.92
湖南省	6.70	13.57
广东省	4.15	11.03
广西壮族自治区	0.33	8.07
海南省	8.50	0.30
重庆市	0	0
四川省	111.44	13.99
贵州省	1.47	1.47
云南省	2.17	1.46
西藏自治区	0	0
陕西省	12.15	0
甘肃省	0	1.49
青海省	0	0
宁夏回族自治区	1.80	2.13
新疆维吾尔自治区	1.50	0

图 3-3-3　2022 年各省（自治区、直辖市）地理标志案件罚没金额

3.3.2 2022年地理标志行政保护典型案例

2023年4月，国家知识产权局发布2022年度知识产权行政保护典型案例，其中，地理标志行政保护典型案例4件，涉及"西湖龙井""龙口粉丝"等知名地理标志，案件类型主要为查处擅自使用地理标志产品名称，侵犯集体商标、证明商标专用权。典型案例在彰显行政保护的高效快捷、跨区域执法协作、知识产权协同保护等方面具有较高的代表性、关注度和影响力，展现了近年来我国在积极履行国际条约、全面加强知识产权保护、持续优化创新和营商环境等方面取得的成就（见附录12）。

3.4 开展地理标志专用标志使用核准改革试点

3.4.1 组织第一批地理标志保护产品专用标志使用核准改革试点验收

2022年，国家知识产权局印发通知，对北京市、河北省、黑龙江省、江苏省、安徽省、福建省、广东省、海南省、四川省、贵州省、云南省、陕西省12个第一批地理标志产品专用标志使用核准改革试点省市工作任务完成情况以及取得的成效进行验收。经综合评审，12个试点地方均通过验收，其中，综合得分排前五名的依次是安徽省、江苏省、陕西省、贵州省和四川省，验收结果评定为"优秀"（见附录13）。

3.4.2 持续深化第一批改革试点并开展第二批地理标志专用标志使用核准改革试点

2022年6月，国家知识产权局在第一批改革试点工作取得成效并形成典型经验做法的基础上，持续深入贯彻落实国务院有关"放管服"改革要求，确定在上海市、浙江省、山东省、河南省、湖北省、湖南省、广西壮族自治区和甘肃省8个地方开展第二批地理标志专用标志使用核准改革试点，在北京市、河北省、黑龙江省、福建省、广东省、海南省和云南省7个地方延续开展第二批改革试点，在江苏省、安徽省、四川省、贵州省和陕西省5个地方开展持续深化第一批改革试点。组织各地以坚持改革创新、坚持合规有序、坚持放管并重为原则，重点围绕建立完善地理标志专用标志使用核准及注销工作体系、组织实施地理标志专用标志使用核准及注销工作、加强地理标志专用标志使用监管等工作任务，有序开展改革试点工作。

3.5 推进国家地理标志产品保护示范区建设

3.5.1 国家地理标志产品保护示范区建设整体情况

2020年9月,全国评比达标表彰工作协调小组办公室发布《全国创建示范活动保留项目目录(第二批)》,将"国家地理标志产品保护示范区"列入示范活动保留项目目录。《"十四五"知识产权保护和运用规划》和《地理标志保护和运用"十四五"规划》中提出,国家知识产权局将在"十四五"期间建成100个国家地理标志产品保护示范区。

国家知识产权局积极推进国家地理标志产品保护示范区建设,印发《国家地理标志产品保护示范区建设管理办法(试行)》,明确示范区建设任务要求,充分发挥国家地理标志产品保护示范区建设对于提升地理标志保护水平、促进区域经济发展、服务国际贸易与对外合作、支撑乡村振兴和精准扶贫等方面的示范引领作用。

截至2022年底,共建设103个国家地理标志产品保护示范区,包括83个单一产品示范区,20个综合示范区。覆盖31个省、自治区和直辖市,涵盖食用农林产品及食品、非食用农林产品、中药材和手工艺品等多个地理标志产品类别。示范区域内地理标志直接年产值达1514.47亿元,有58个地理标志列入《中华人民共和国与欧洲联盟地理标志保护与合作协定》。

3.5.2 2022年国家地理标志产品保护示范区筹建情况

2022年10月,国家知识产权局办公室印发《关于确定2022年国家地理标志产品保护示范区筹建名单的通知》(国知办函保字〔2022〕904号),确定筹建29个国家地理标志产品保护示范区。

截至2022年底,已批准筹建国家地理标志产品保护示范区共计84个(见图3-5-1)。

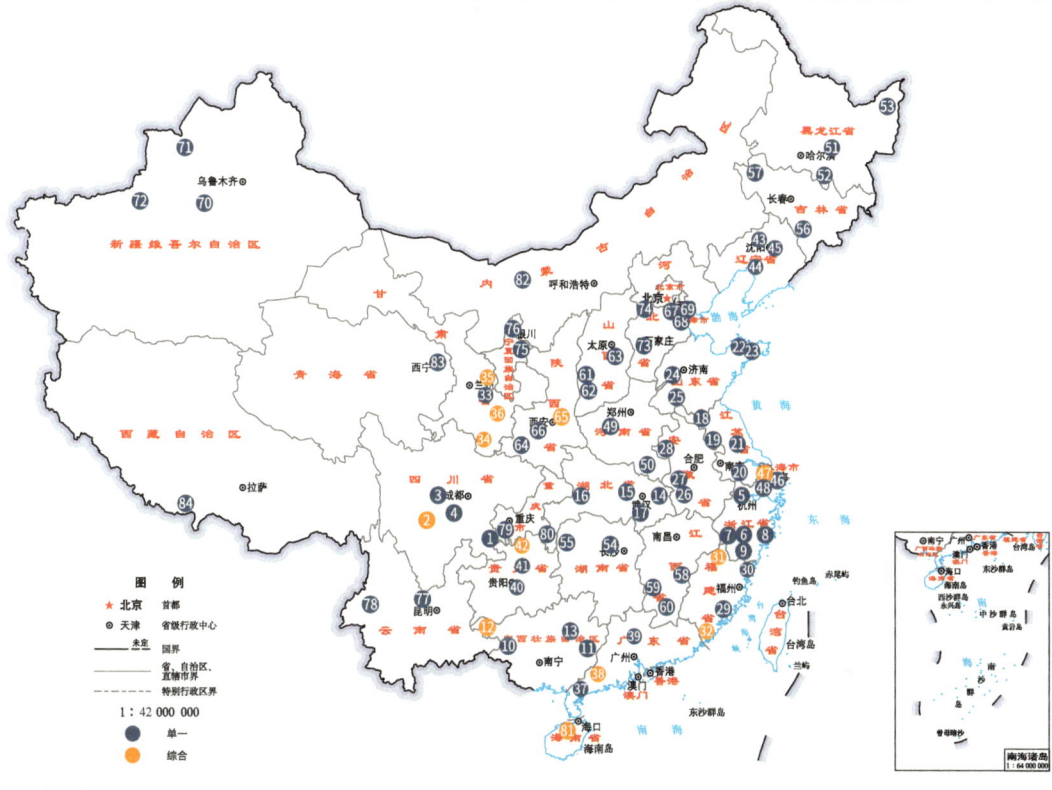

① 合江荔枝国家地理标志产品保护示范区	㉙ 安溪铁观音国家地理标志产品保护示范区	㊼ 白城绿豆国家地理标志产品保护示范区
② 国家地理标志产品保护示范区（四川汉源）	㉚ 福鼎白茶国家地理标志产品保护示范区	㊽ 广昌白莲国家地理标志产品保护示范区
③ 邛崃黑茶国家地理标志产品保护示范区	㉛ 国家地理标志产品保护示范区（福建武夷山）	㊾ 狗牯脑国家地理标志产品保护示范区
④ 东坡泡菜国家地理标志产品保护示范区	㉜ 国家地理标志产品保护示范区（福建云霄）	㊿ 赣南茶油国家地理标志产品保护示范区
⑤ 西湖龙井国家地理标志产品保护示范区	㉝ 定西马铃薯国家地理标志产品保护示范区	61 吉县苹果国家地理标志产品保护示范区
⑥ 金华火腿国家地理标志产品保护示范区	㉞ 国家地理标志产品保护示范区（甘肃武都）	62 万荣苹果国家地理标志产品保护示范区
⑦ 常山胡柚国家地理标志产品保护示范区	㉟ 国家地理标志产品保护示范区（甘肃靖远）	63 平遥牛肉国家地理标志产品保护示范区
⑧ 大陈黄鱼国家地理标志产品保护示范区	㊱ 国家地理标志产品保护示范区（甘肃甘谷）	64 汉中仙毫国家地理标志产品保护示范区
⑨ 庆元香菇国家地理标志产品保护示范区	㊲ 化橘红国家地理标志产品保护示范区	65 国家地理标志产品保护示范区（陕西富平）
⑩ 百色芒果国家地理标志产品保护示范区	㊳ 国家地理标志产品保护示范区（广东罗定）	66 眉县猕猴桃国家地理标志产品保护示范区
⑪ 六堡茶国家地理标志产品保护示范区	㊴ 英德红茶国家地理标志产品保护示范区	67 独流老醋国家地理标志产品保护示范区
⑫ 国家地理标志产品保护示范区（广西西林）	㊵ 修文猕猴桃国家地理标志产品保护示范区	68 小站稻国家地理标志产品保护示范区
⑬ 柳州螺蛳粉国家地理标志产品保护示范区	㊶ 凤冈锌硒茶国家地理标志产品保护示范区	69 茶淀玫瑰香葡萄国家地理标志产品保护示范区
⑭ 蕲艾国家地理标志产品保护示范区	㊷ 国家地理标志产品保护示范区（贵州正安）	70 库尔勒香梨国家地理标志产品保护示范区
⑮ 京山桥米国家地理标志产品保护示范区	㊸ 新农寒富苹果国家地理标志产品保护示范区	71 精河枸杞国家地理标志产品保护示范区
⑯ 秭归脐橙国家地理标志产品保护示范区	㊹ 盘锦大米国家地理标志产品保护示范区	72 阿克苏苹果国家地理标志产品保护示范区
⑰ 赤壁青砖茶国家地理标志产品保护示范区	㊺ 老龙口白酒国家地理标志产品保护示范区	73 晋州鸭梨国家地理标志产品保护示范区
⑱ 邳州大蒜国家地理标志产品保护示范区	㊻ 南汇水蜜桃国家地理标志产品保护示范区	74 涞水麻核桃国家地理标志产品保护示范区
⑲ 盱眙龙虾国家地理标志产品保护示范区	㊼ 国家地理标志产品保护示范区（上海崇明）	75 盐池滩羊国家地理标志产品保护示范区
⑳ 镇江香醋国家地理标志产品保护示范区	㊽ 松江大米国家地理标志产品保护示范区	76 贺兰山东麓葡萄酒国家地理标志产品保护示范区
㉑ 兴化香葱国家地理标志产品保护示范区	㊾ 汝瓷国家地理标志产品保护示范区	77 牟定腐乳国家地理标志产品保护示范区
㉒ 烟台苹果国家地理标志产品保护示范区	㊿ 信阳毛尖国家地理标志产品保护示范区	78 保山小粒咖啡国家地理标志产品保护示范区
㉓ 乳山牡蛎国家地理标志产品保护示范区	51 方正大米国家地理标志产品保护示范区	79 江津花椒国家地理标志产品保护示范区
㉔ 平阴玫瑰国家地理标志产品保护示范区	52 五常大米国家地理标志产品保护示范区	80 酉阳茶油国家地理标志产品保护示范区
㉕ 鱼台大米国家地理标志产品保护示范区	53 饶河东北黑蜂国家地理标志产品保护示范区	81 国家地理标志产品保护示范区（海南澄迈）
㉖ 岳西翠兰国家地理标志产品保护示范区	54 安化黑茶国家地理标志产品保护示范区	82 五原向日葵国家地理标志产品保护示范区
㉗ 霍山石斛国家地理标志产品保护示范区	55 保靖黄金茶国家地理标志产品保护示范区	83 互助青稞酒国家地理标志产品保护示范区
㉘ 黄岗柳编国家地理标志产品保护示范区	56 梅河大米国家地理标志产品保护示范区	84 岗巴羊国家地理标志产品保护示范区

图 3-5-1　截至 2022 年底已批准筹建国家地理标志产品保护示范区分布

3.5.3　2022年国家地理标志产品保护示范区建设验收情况

2022年10月，国家知识产权局发文批准成立英山云雾茶国家地理标志产品保护示范区，指导示范区承担单位按照《国家地理标志产品保护示范区建设管理办法（试行）》，强化地理标志保护，深化地理标志管理改革，组织好示范区建设相关单位及示范区内的行业协会和生产企业，建立示范区建设管理长效机制。

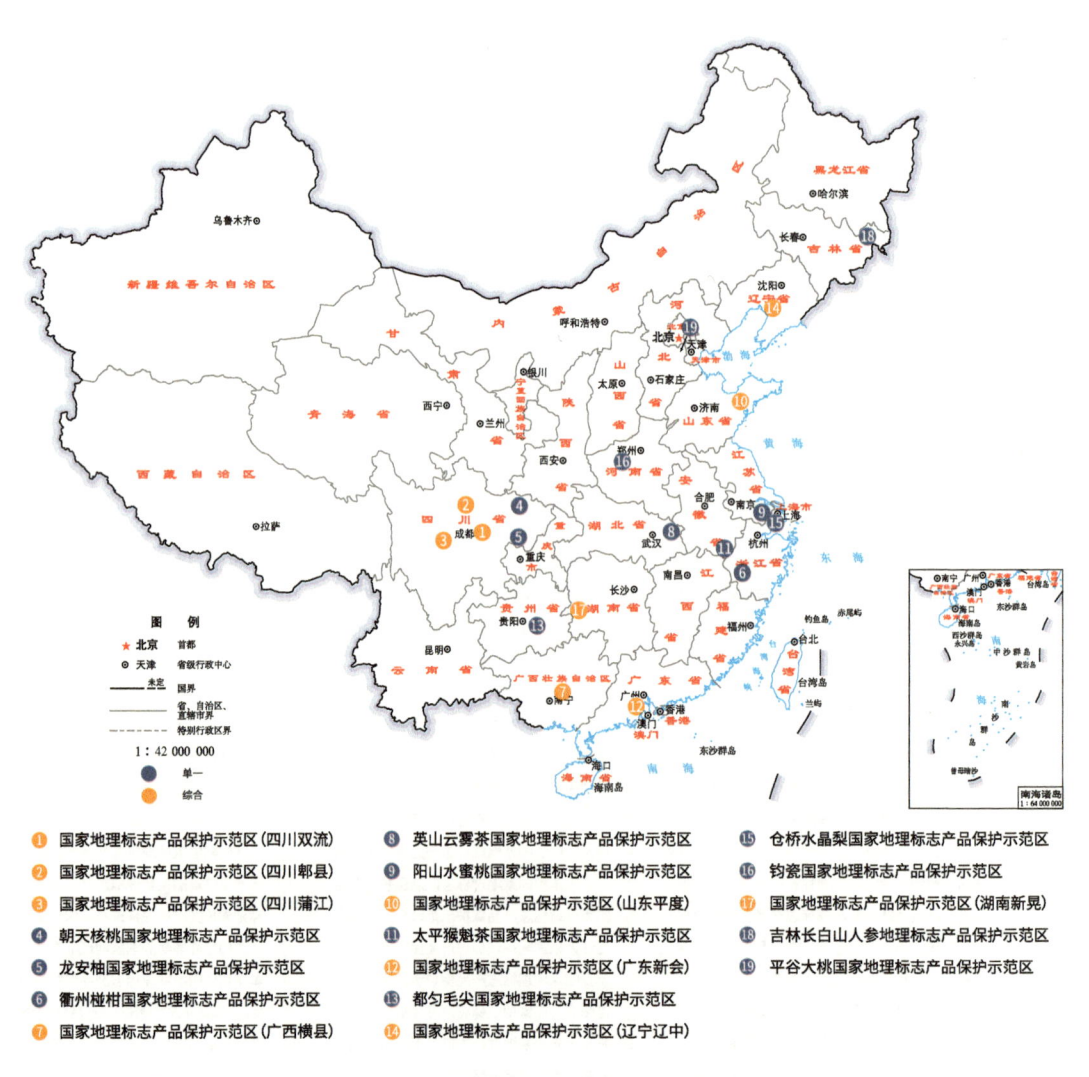

截至2022年底，已建成国家地理标志产品保护示范区共计19个（见图3-5-2）。

图 3-5-2　截至 2022 年底已建成国家地理标志产品保护示范区分布

3.6 助力巩固拓展脱贫攻坚成果同乡村振兴有效衔接

3.6.1 获得地理标志产品保护情况

截至 2022 年底,来自 22 个省(自治区、直辖市)的 497 个国家级贫困县的 662 个产品获得地理标志产品保护,2022 年度直接产值达到 499.39 亿元。来自 8 个省(自治区、直辖市)的 74 个国家乡村振兴重点帮扶县[3]的 129 个产品获得地理标志产品保护,2022 年度直接产值达到 39.47 亿元。

3.6.2 作为集体商标、证明商标注册情况

截至 2022 年底,来自 22 个省(自治区、直辖市)的 832 个国家级贫困县的 4253 个地理标志作为集体商标、证明商标注册,2022 年度直接产值达到 2154.45 亿元。来自 10 个省(自治区、直辖市)的 113 个国家乡村振兴重点帮扶县的地理标志作为集体商标、证明商标注册 389 件,2022 年度直接产值达到 47.38 亿元。

3.6.3 建设国家地理标志产品保护示范区情况

截至 2022 年底,共建设 103 个国家地理标志产品保护示范区,覆盖 18 个中西部省份、21 个国家级贫困县,涵盖贵州省正安县、甘肃省靖远县、甘肃省陇南市武都区、重庆市酉阳土家族苗族自治县 4 个国家乡村振兴重点帮扶县。

---

3 参见《中央农村工作领导小组办公室 国家乡村振兴局关于公布国家乡村振兴重点帮扶县名单的通知》。

第四章 涉外保护

4.1 国际合作协议

4.1.1 稳步推进落实《中欧地理标志协定》

2022年1月,国家知识产权局派员参加中欧地理标志协定联合委员会第一次会议,审议通过了中欧地理标志联合委员会议事规则和年度工作计划。4月,正式出版《〈中华人民共和国政府与欧洲联盟地理标志保护与合作协定〉中欧地理标志产品互认互保名录(中国产品第一批)》,采用图文结合、中英双语介绍的方式,针对《中欧地理标志协定》第一批互认互保清单中100个我国地理标志进行了全面介绍。

2022年,国家知识产权局依法受理了来自欧盟的175个地理标志保护申请,覆盖了西班牙、法国、意大利、德国、希腊等22个欧盟成员国,产品集中在葡萄酒、烈酒、肉制品、奶制品和橄榄油这5大类别,占清单总数的90.9%。欧盟委员会也受理了我国的金华火腿、太平猴魁茶、富平柿饼、泸州老窖酒、涪陵榨菜、宁夏枸杞等175个地理标志的申请,产品类别覆盖酒类、调味品、茶叶、肉制品、中药材、手工艺品、水果等。中欧双方已顺利完成350个产品清单公示工作,列入国家重大外交活动成果。

4.1.2 积极推动落实中法地理标志有关议定书

2022年4月,以"地理标志产品质量管理与市场推广"为主题的中法地理标志在线研讨会举行,这是中国国家知识产权局与法国国家原产地和质量管理局、法国工业产权局联合举办的首个地理标志国际研讨会。中国国家知识产权局局长申长雨、法国工业产权局局长帕斯卡·法尔，以及法国国家原产地和质量管理局局长玛丽·吉塔德致开幕辞。

此次研讨会是双方共同落实中法地理标志合作议定书的重要举措之一。会上，来自两国知识产权部门、行业协会和产业界的1000余名代表围绕欧盟地理标志监管体系、法国地理标志产品质量控制措施、中法地理标志产区推广的成功经验，以及中国地理标志保护和官方标志的规范使用四个主题开展了深入热烈的交流研讨。此外，中法双方还共同开展了中法地理标志制度对比研究。

4.1.3　持续推进落实中泰地理标志合作谅解备忘录

2022年，中泰两局在2019年签署的中泰地理标志合作谅解备忘录的指导下，持续推进相关务实合作项目，积极平稳推动中泰地理标志"3+3"互保试点项目进程。7月20日，中国国家知识产权局应泰国商业部知识产权厅邀请，组织贵州、广东、福建三地知识产权部门携中国地理标志产品赴泰国参加泰国地理标志制度成立20周年纪念活动及地理标志产品展会，获广泛好评。

4.1.4　推进与越、瑞、俄、法等国地理标志交流合作

2022年，国家知识产权局积极推进与越南、瑞典、俄罗斯、法国等国在地理标志领域的交流合作。派专家出席越南知识产权局举办的商标和地理标志研讨会。与瑞士联邦知识产权局、俄罗斯联邦知识产权局分别举办地理标志专家视频会议。组织参加由法国农业部举办的亚洲地理标志在线培训。

4.2　国外地理标志在华保护情况

截至2022年底，共有24个国家的140个地理标志产品在我国受到保护，其中，欧盟产品134个，占95.7%；英国产品4个，占2.9%；美国和墨西哥的产品各1个，分别占0.7%。

4.2.1　欧盟地理标志产品在华保护情况

截至2022年底，原产于欧盟的134个地理标志产品在华受到保护，涉及21个国家。其中，法国地理标志产品63个，意大利地理标志产品26个，西班牙地理标志产品12个，葡萄牙地理标志产品6个，希腊、德国地理标志产品各5个，

爱尔兰、捷克地理标志产品各 2 个，丹麦、波兰、奥地利、芬兰、立陶宛、罗马尼亚、瑞典、斯洛伐克、塞浦路斯、斯洛文尼亚和匈牙利地理标志产品各 1 个，另外还有比利时、德国、法国、荷兰四国共同申请地理标志产品 1 个，塞浦路斯、希腊共同申请地理标志产品 1 个（见图 4-2-1）。

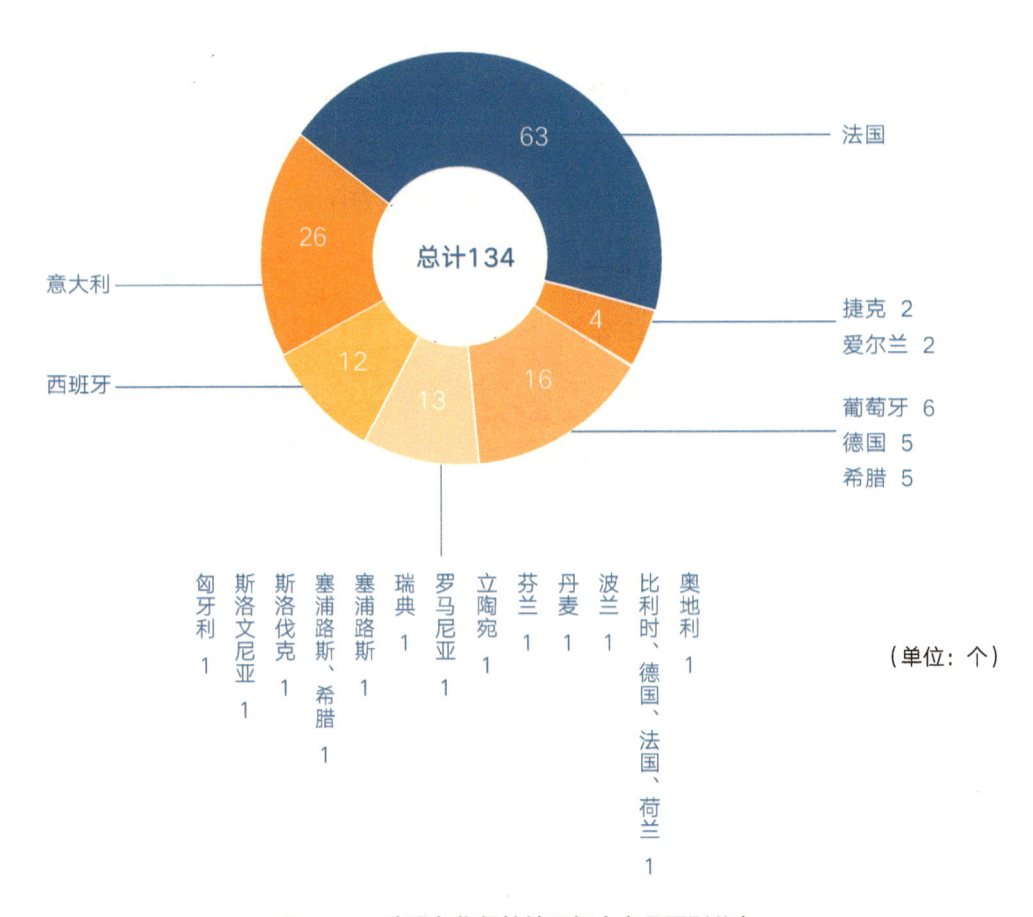

图 4-2-1　欧盟在华保护地理标志产品国别分布

截至 2022 年底，在华受到保护的 134 个欧盟地理标志产品中，食用农林产品及食品 133 个，主要产品类别涉及酒类（110 个），肉、蛋、乳及其制品（15 个），油料及食用油（4 个），果蔬及其制品（3 个），香辛料及调味品（1 个）；非食用农林产品 1 个，产品类别为其他非食用农林产品（见图 4-2-2）。

肉、蛋、乳及其制品 15
油料及食用油 4
果蔬及其制品 3
香辛料及调味品 1
其他非食用农林产品

总计134

酒类 110

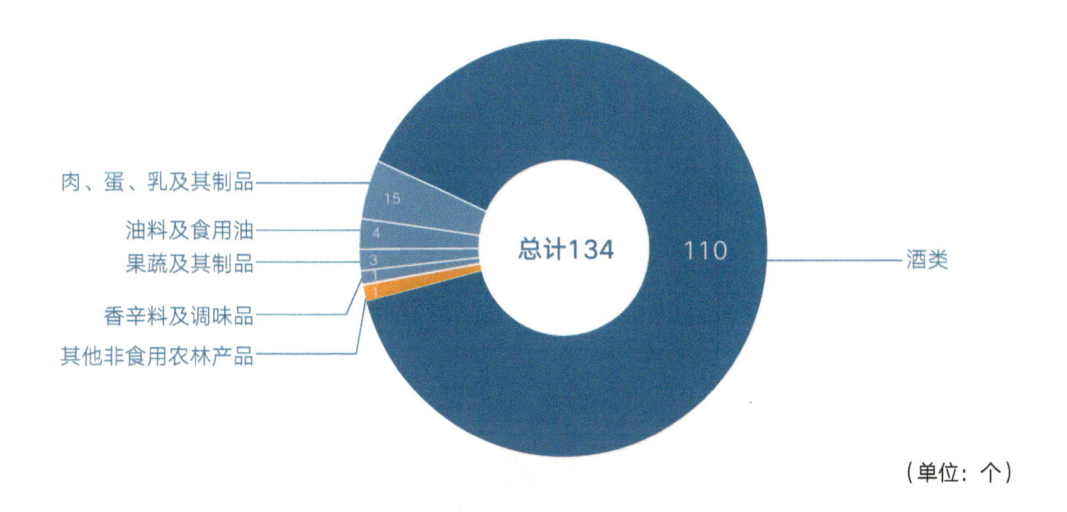

(单位：个)

图 4-2-2　欧盟在华保护地理标志产品类别

2022年，国家知识产权局发布第五〇六号公告（以下简称国家知识产权局公告506号），受理原产于欧盟的173个地理标志产品在华保护申请，涉及23个国家。其中，西班牙地理标志产品保护申请36个，法国地理标志产品保护申请31个，意大利地理标志产品保护申请29个，德国地理标志产品保护申请10个，希腊地理标志产品保护申请10个，罗马尼亚地理标志产品保护申请9个，葡萄牙地理标志产品保护申请7个，克罗地亚地理标志产品保护申请6个，奥地利地理标志产品保护申请5个，波兰地理标志产品保护申请5个，斯洛文尼亚地理标志产品保护申请4个，保加利亚地理标志产品保护申请3个，捷克地理标志产品保护申请3个，爱沙尼亚地理标志产品保护申请2个，荷兰地理标志产品保护申请2个，塞浦路斯地理标志产品保护申请2个，匈牙利地理标志产品保护申请2个，丹麦地理标志产品保护申请1个，芬兰地理标志产品保护申请1个，卢森堡地理标志产品保护申请1个，马耳他地理标志产品保护申请1个，奥地利、比利时、德国联合申报的地理标志产品保护申请1个，奥地利、匈牙利联合申报的地理标志产品保护申请1个,克罗地亚、斯洛文尼亚联合申报的地理标志产品保护申请1个(见图 4-2-3)。

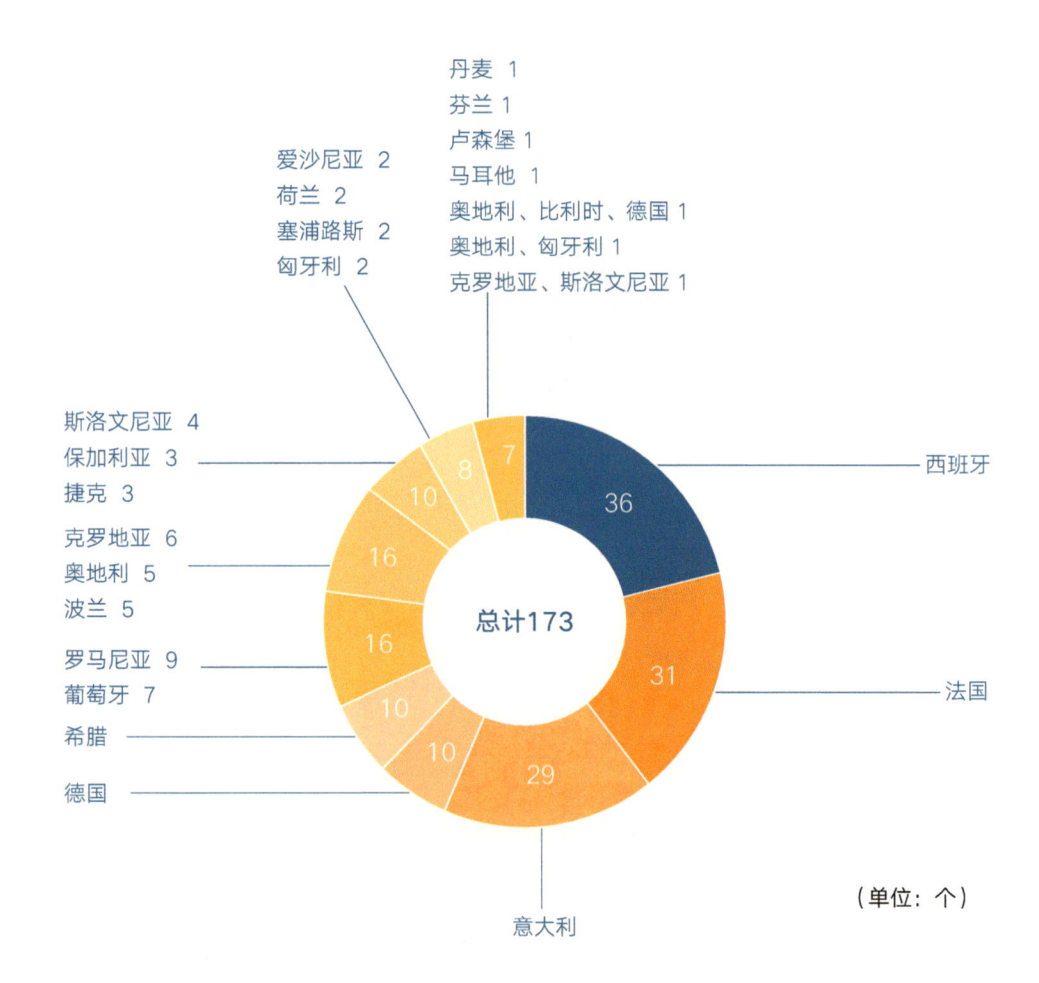

```
丹麦 1
芬兰 1
卢森堡 1
马耳他 1
奥地利、比利时、德国 1
奥地利、匈牙利 1
克罗地亚、斯洛文尼亚 1

爱沙尼亚 2
荷兰 2
塞浦路斯 2
匈牙利 2

斯洛文尼亚 4
保加利亚 3
捷克 3
克罗地亚 6
奥地利 5
波兰 5
罗马尼亚 9
葡萄牙 7
希腊 10
德国 10

西班牙 36
法国 31
意大利 29
16
16
10
8
7

总计173
(单位:个)
```

图 4-2-3　2022 年受理欧盟地理标志产品在华保护申请国别分布

2022 年,受理的 173 个欧盟地理标志产品在华保护申请中,食用农林产品及食品 171 个,主要产品类别涉及酒类(78 个),肉、蛋、乳及其制品(44 个),油料及食用油(23 个),果蔬及其制品(11 个),休闲食品(7 个),香辛料及调味品(6 个),水产品及其制品(1 个),蜂产品(1 个);非食用农林产品 2 个,产品类别为精油(见图 4-2-4)。

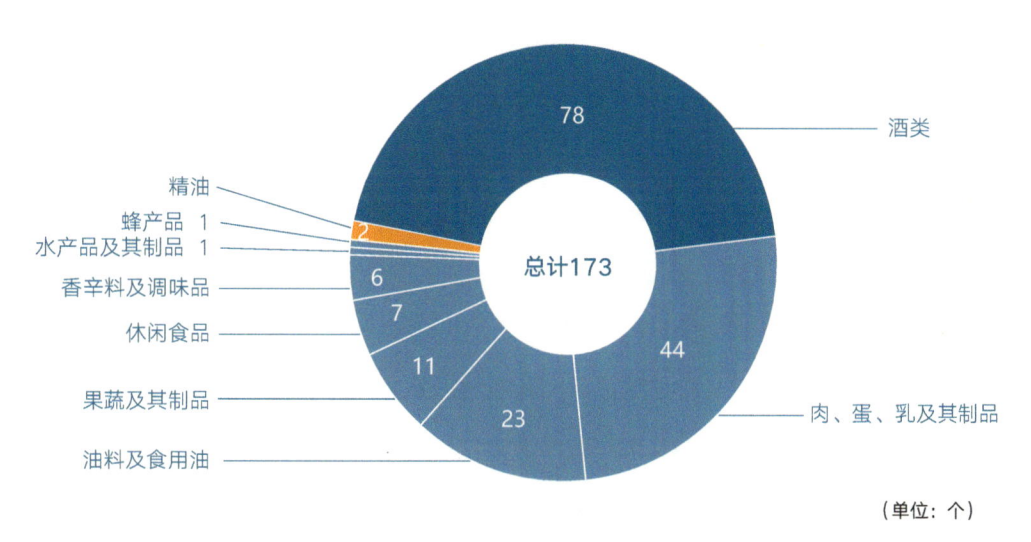

图 4-2-4　已受理欧盟地理标志产品在华保护申请类别

（单位：个）

4.2.1.1　奥地利地理标志在华保护情况

截至 2022 年底，原产于奥地利的 1 个地理标志产品在华受到保护，产品类别为油脂和脂肪（黄油、人造奶油、油等）—南瓜籽油。

序号	产品中文名称	产品原文名称	产品类别	认定公告年份	备注
1	施泰尔南瓜籽油	Steirisches Kürbiskernöl	油脂和脂肪（黄油、人造奶油、油等）—南瓜籽油	2021 年	中欧互认第一批

2022 年，国家知识产权局受理奥地利地理标志产品保护申请 5 个（国家知识产权局公告 506 号），涉及烈酒（2 个）、奶酪（2 个）、肉制品（烹制、腌制、熏制等）—火腿（1 个）3 个类别。

序号	产品中文名称	产品原文名称	产品类别	备注
1	茵蓝朗姆酒	Inländerrum	烈酒	中欧互认第二批
2	猎人茶	Jägertee / Jagertee / Jagatee	烈酒	中欧互认第二批
3	蒂罗尔高山奶酪	Tiroler Bergkäse	奶酪	中欧互认第二批
4	蒂罗尔熏肉	Tiroler Speck	肉制品（烹制、腌制、熏制等）—火腿	中欧互认第二批
5	福拉尔贝格高山奶酪	Vorarlberger Bergkäse	奶酪	中欧互认第二批

4.2.1.2　比利时地理标志在华保护情况

截至 2022 年底，原产于比利时的 1 个地理标志产品在华受到保护，产品类别为烈酒，且为比利时、德国、法国和荷兰共有的地理标志产品。

序号	产品中文名称	产品原文名称	产品类别	认定公告年份	备注
1	仁内华	Genièvre / Jenever / Genever	烈酒	2021 年	比利时、德国、法国、荷兰中欧互认第一批

4.2.1.3　保加利亚地理标志在华保护情况

2022 年，国家知识产权局受理保加利亚地理标志产品保护申请 3 个（国家知识产权局公告 506 号），涉及精油—玫瑰精油（1 个）、葡萄酒（2 个）2 个类别。

序号	产品中文名称	产品原文名称	产品类别	备注
1	保加利亚玫瑰精油	Българско розово масло (Bulgarsko rozovo maslo)	精油—玫瑰精油	中欧互认第二批
2	多瑙河平原	Дунавска равнина (Dunavska ravnina)	葡萄酒	中欧互认第二批
3	色雷斯平原	Тракийска низина (Trakiiska nizina)	葡萄酒	中欧互认第二批

4.2.1.4　克罗地亚地理标志在华保护情况

2022 年，国家知识产权局受理克罗地亚地理标志产品保护申请 6 个（国家知识产权局公告 506 号），涉及葡萄酒（1 个），肉制品（烹制、腌制、熏制等）（1 个），肉制品（烹制、腌制、熏制等）—火腿（2 个），新鲜或加工水果、蔬菜和谷物—橘（1 个），新鲜或加工水果、蔬菜和谷物—土豆（1 个）5 个类别。

序号	产品中文名称	产品原文名称	产品类别	备注
1	巴拉尼亚库兰腊肠	Baranjski kulen	肉制品（烹制、腌制、熏制等）	中欧互认第二批
2	达尔马提亚熏火腿	Dalmatinski pršut	肉制品（烹制、腌制、熏制等）—火腿	中欧互认第二批
3	丁嘎池葡萄酒	Dingač	葡萄酒	中欧互认第二批
4	达尼斯熏火腿	Drniški pršut	肉制品（烹制、腌制、熏制等）—火腿	中欧互认第二批
5	利卡土豆	Lički krumpir	新鲜或加工水果、蔬菜和谷物—土豆	中欧互认第二批
6	内雷特瓦橘子	Neretvanska mandarina	新鲜或加工水果、蔬菜和谷物—橘	中欧互认第二批

4.2.1.5　塞浦路斯地理标志在华保护情况

截至 2022 年底，原产于塞浦路斯的 2 个地理标志产品在华受到保护，产品类别均为烈酒（2 个）。其中，乌佐茴香酒为塞浦路斯和希腊共有的地理标志产品。

序号	产品中文名称	产品原文名称	产品类别	认定公告年份	备注
1	塞浦路斯鱼尾菊酒	Ζιβανία / Τζιβανία / Ζιβάνα / Zivania	烈酒	2021 年	中欧互认第一批
2	乌佐茴香酒	Ούζο / Ouzo	烈酒	2021 年	塞浦路斯、希腊 中欧互认第一批

2022 年，国家知识产权局受理塞浦路斯地理标志产品保护申请 2 个（国家知识产权局公告 506 号），涉及葡萄酒（1 个）、甜食—糖（1 个）2 个类别。

序号	产品中文名称	产品原文名称	产品类别	备注
1	古曼达力亚	Κουμανδαρία (Commandaria)	葡萄酒	中欧互认第二批
2	圣花园糖膏	Λουκούμι Γεροσκήπου (Loukoumi Geroskipou)	甜食—糖	中欧互认第二批

4.2.1.6　捷克地理标志在华保护情况

截至 2022 年底，原产于捷克的 2 个地理标志产品在华受到保护，产品类别主要涉及啤酒（1 个）、其他产品（香料等）—啤酒花（1 个）。

序号	产品中文名称	产品原文名称	产品类别	认定公告年份	备注
1	捷克布杰约维采啤酒	Českobudějovické pivo	啤酒	2021 年	中欧互认第一批
2	萨兹啤酒花	Žatecký chmel	其他产品（香料等）—啤酒花	2021 年	中欧互认第一批

2022 年，国家知识产权局受理捷克地理标志产品保护申请 3 个（国家知识产权局公告 506 号），涉及的类别为啤酒。

序号	产品中文名称	产品原文名称	产品类别	备注
1	布杰约维采啤酒	Budějovické pivo	啤酒	中欧互认第二批
2	布杰约维采市民啤酒	Budějovický měšťanský var	啤酒	中欧互认第二批
3	捷克啤酒	České pivo	啤酒	中欧互认第二批

4.2.1.7　爱沙尼亚地理标志在华保护情况

2022 年，国家知识产权局受理爱沙尼亚地理标志产品保护申请 2 个（国家知识产权局公告 506 号），涉及烈酒（1 个）、奶酪（1 个）2 个类别。

序号	产品中文名称	产品原文名称	产品类别	备注
1	爱沙尼亚伏特加	Estonian vodka	烈酒	中欧互认第二批
2	斯尔	Sõir	奶酪	中欧互认第二批

4.2.1.8　芬兰地理标志在华保护情况

截至 2022 年底，原产于芬兰的 1 个地理标志产品在华受到保护，产品类别为烈酒。

序号	产品中文名称	产品原文名称	产品类别	认定公告年份	备注
1	芬兰伏特加	Suomalainen Vodka / Finsk Vodka / Vodka of Finland	烈酒	2021 年	中欧互认第一批

2022 年，国家知识产权局受理芬兰地理标志产品保护申请 1 个（国家知识产权局公告 506 号），涉及的类别为烈酒。

序号	产品中文名称	产品原文名称	产品类别	备注
1	芬兰浆果利口酒 / 芬兰水果利口酒	Suomalainen Marjalikööri / Suomalainen Hedelmälikööri / Finsk Bärlikör / Finsk Fruktlikör / Finnish berry liqueur / Finnish fruit liqueur	烈酒	中欧互认第二批

4.2.1.9　法国地理标志在华保护情况

截至 2022 年底，原产于法国的 64 个地理标志产品在华受到保护，产品类别主要涉及葡萄酒（57 个），烈酒（4 个），奶酪（2 个），新鲜或加工水果、蔬菜和谷物—李子干（1 个）。其中，仁内华为比利时、德国、法国和荷兰共有的地理标志产品。

序号	产品中文名称	产品原文名称	产品类别	认定公告年份	备注
1	波尔多山坡	Cotes de Bordeaux	葡萄酒	2016 年	
2	巴尔萨克	Barsac	葡萄酒	2016 年	
3	布拉伊	Blaye	葡萄酒	2016 年	
4	布拉伊－波尔多山坡	Blaye-Cotes de Bordeaux	葡萄酒	2016 年	
5	波尔多上伯诺日	Bordeaux Haut Benauge	葡萄酒	2016 年	
6	优级波尔多	Bordeaux Superieur	葡萄酒	2016 年	
7	布尔	Bourg	葡萄酒	2016 年	

续表

序号	产品中文名称	产品原文名称	产品类别	认定公告年份	备注
8	布尔杰	Bourgeais	葡萄酒	2016年	
9	卡迪亚克	Cadillac	葡萄酒	2016年	
10	卡迪亚克 - 波尔多山坡	Cadillac - Cotes de Bordeaux	葡萄酒	2016年	
11	卡农 - 弗龙萨克	Canon Fronsac	葡萄酒	2016年	
12	卡斯蒂永 - 波尔多山坡	Castillon - Cotes de Bordeaux	葡萄酒	2016年	
13	布拉伊山坡	Cotes de Blaye	葡萄酒	2016年	
14	赛龙	Cérons	葡萄酒	2016年	
15	波尔多山坡 - 圣马盖尔	Cotes de Bordeaux Saint-Macaire	葡萄酒	2016年	
16	布尔山坡	Cotes de Bourg	葡萄酒	2016年	
17	两海间，或者，两海之间	Entre-Deux-Mers	葡萄酒	2016年	
18	两海间 - 上伯诺日，或者，两海之间 - 上伯诺日	Entre-Deux-Mers Haut-Benauge	葡萄酒	2016年	
19	弗朗 - 波尔多山坡	Francs - Cotes de Bordeaux	葡萄酒	2016年	
20	弗龙萨克	Fronsac	葡萄酒	2016年	
21	优级格拉夫	Graves Superieures	葡萄酒	2016年	
22	韦雷 - 格拉夫	Graves de Vayres	葡萄酒	2016年	
23	上梅多克	Haut-Medoc	葡萄酒	2016年	
24	拉朗德 - 波美侯	Lalande de Pomerol	葡萄酒	2016年	
25	利斯特拉克 - 梅多克	Listrac-Medoc	葡萄酒	2016年	
26	卢皮亚克	Loupiac	葡萄酒	2016年	
27	吕萨克 - 圣埃米利永，或者，吕萨克 - 圣埃米利隆	Lussac Saint-Emilion	葡萄酒	2016年	
28	蒙塔涅 - 圣埃米利永，或者，蒙塔涅 - 圣埃米利隆	Montagne Saint-Emilion	葡萄酒	2016年	
29	慕里斯，或者，慕里斯 - 梅多克	Moulis，Moulis-en-Medoc	葡萄酒	2016年	
30	波尔多主山坡	Premières Côtes de Bordeaux	葡萄酒	2016年	
31	普瑟冈 - 圣埃米利永，或者，普瑟冈 - 圣埃米利隆	Puisseguin Saint-Emilion	葡萄酒	2016年	
32	苏玳，或者，索泰尔讷	Sauternes	葡萄酒	2016年	
33	特级圣埃米利永，或者，特级圣埃米利隆	Saint-Emilion Grand Cru	葡萄酒	2016年	
34	圣爱斯泰夫	Saint-Estephe	葡萄酒	2016年	

续表

序号	产品中文名称	产品原文名称	产品类别	认定公告年份	备注
35	圣乔治 - 圣埃米利永	Saint-Georges Saint-Emilion	葡萄酒	2016年	
36	圣于连，或者，圣朱利安	Saint-Julien	葡萄酒	2016年	
37	圣克鲁瓦蒙，或者，圣十字山	Sainte-Croix-du-Mont	葡萄酒	2016年	
38	圣富瓦波尔多	Sainte-Foy Bordeaux	葡萄酒	2016年	
39	阿尔萨斯	Alsace	葡萄酒	2021年	中欧互认第一批
40	雅文邑	Armagnac	烈酒	2021年	中欧互认第一批
41	博若莱	Beaujolais	葡萄酒	2021年	中欧互认第一批
42	波尔多	Bordeaux	葡萄酒	2021年	2015年第75号
43	勃艮第	Bourgogne	葡萄酒	2021年	中欧互认第一批
44	卡尔瓦多斯	Calvados	烈酒	2021年	中欧互认第一批
45	夏布利	Chablis	葡萄酒	2021年	中欧互认第一批
46	香槟	Champagne	葡萄酒	2013年	中欧互认第一批
47	教皇新堡	Châteauneuf-du-Pape	葡萄酒	2021年	中欧互认第一批
48	干邑／干邑葡萄蒸馏酒／夏朗德葡萄蒸馏酒	Cognac/eau-de-vie de cognac/eau-de-vie des charentes	烈酒	2009年	中欧互认第一批
49	孔泰（奶酪）	Comté	奶酪	2011年	中欧互认第一批
50	普罗旺斯丘	Côtes de Provence	葡萄酒	2021年	中欧互认第一批
51	罗讷河谷	Côtes du Rhône	葡萄酒	2021年	中欧互认第一批
52	露喜龙丘	Côtes du Roussillon	葡萄酒	2021年	中欧互认第一批
53	格拉夫	Graves	葡萄酒	2016年	中欧互认第一批
54	朗格多克	Languedoc	葡萄酒	2021年	中欧互认第一批
55	玛歌	Margaux	葡萄酒	2016年	中欧互认第一批
56	梅多克	Médoc	葡萄酒	2016年	中欧互认第一批

续表

序号	产品中文名称	产品原文名称	产品类别	认定公告年份	备注
57	波亚克	Pauillac	葡萄酒	2016年	中欧互认第一批
58	奥克地区	Pays d'Oc	葡萄酒	2021年	中欧互认第一批
59	佩萨克-雷奥良	Pessac-Léognan	葡萄酒	2016年	中欧互认第一批
60	波美侯	Pomerol	葡萄酒	2016年	中欧互认第一批
61	阿让李子干	Pruneaux d'Agen/ Pruneaux d'Agen mi-cuits	新鲜或加工水果、蔬菜和谷物—李子干	2011年	中欧互认第一批
62	洛克福（奶酪）	Roquefort	奶酪	2011年	中欧互认第一批
63	圣埃米利永/圣埃米利隆	Saint-Emilion	葡萄酒	2016年	中欧互认第一批
64	仁内华	Genièvre/Jenever/Genever	烈酒	2021年	比利时、德国、法国、荷兰中欧互认第一批

2022年，国家知识产权局受理法国地理标志产品保护申请31个（国家知识产权局公告506号），涉及精油—薰衣草（1个），奶酪（6个），葡萄酒（20个），肉制品（烹制、腌制、熏制等）—火腿（1个），肉制品（烹制、腌制、熏制等）—鲜肉—鸭子（1个），新鲜鱼类、软体动物、甲壳类动物及其衍生产品—牡蛎（1个），油脂和脂肪（黄油、人造奶油、油等）—橄榄油（1个）7个类别。

序号	产品中文名称	产品原文名称	产品类别	备注
1	安茹	Anjou	葡萄酒	中欧互认第二批
2	贝尔热拉克	Bergerac	葡萄酒	中欧互认第二批
3	莫城布里	Brie de Meaux	奶酪	中欧互认第二批
4	诺曼底卡门培尔	Camembert de Normandie	奶酪	中欧互认第二批
5	西南地区用于制鸭肝的鸭（沙洛斯，加斯科涅，热尔，朗德省，佩里戈尔，凯尔西省）	Canard à foie gras du Sud-Ouest (Chalosse, Gascogne, Gers, Landes, Périgord, Quercy)	肉制品（烹制、腌制、熏制等）—鲜肉—鸭子	中欧互认第二批
6	武若园	Clos de Vougeot	葡萄酒	中欧互认第二批
7	科比埃	Corbières	葡萄酒	中欧互认第二批
8	龙姆丘	Costières de Nîmes	葡萄酒	中欧互认第二批

续表

序号	产品中文名称	产品原文名称	产品类别	备注
9	博纳山坡	Côte de Beaune	葡萄酒	中欧互认第二批
10	埃雪索	Echezeaux	葡萄酒	中欧互认第二批
11	萨瓦安文达	Emmental de Savoie	奶酪	中欧互认第二批
12	福热尔	Faugères	葡萄酒	中欧互认第二批
13	菲图	Fitou	葡萄酒	中欧互认第二批
14	上普罗旺斯橄榄油	Huile d'olive de Haute-Provence	油脂和脂肪（黄油、人造奶油、油等）—橄榄油	中欧互认第二批
15	上普罗旺斯薰衣草精油	Huile essentielle de lavande de Haute-Provence/Essence de lavande de Haute-Provence	精油—薰衣草	中欧互认第二批
16	马雷讷奥莱龙牡蛎	Huîtres Marennes Oléron	新鲜鱼类、软体动物、甲壳类动物及其衍生产品—牡蛎	中欧互认第二批
17	巴约纳火腿	Jambon de Bayonne	肉制品（烹制、腌制、熏制等）—火腿	中欧互认第二批
18	拉塔西	La Tâche	葡萄酒	中欧互认第二批
19	蒙哈维尔	Montravel	葡萄酒	中欧互认第二批
20	摩泽尔	Moselle	葡萄酒	中欧互认第二批
21	蜜思妮	Musigny	葡萄酒	中欧互认第二批
22	夏朗德皮诺酒	Pineau des Charentes	葡萄酒	中欧互认第二批
23	雷布洛/萨瓦雷布洛	Reblochon/Reblochon de Savoie	奶酪	中欧互认第二批
24	罗曼尼-康帝	Romanée-Conti	葡萄酒	中欧互认第二批
25	圣·耐克泰尔	Saint-Nectaire	奶酪	中欧互认第二批
26	苏玳/索泰尔讷	Sauternes	葡萄酒	中欧互认第二批
27	谢尔河畔塞勒	Selles-sur-Cher	奶酪	中欧互认第二批
28	都兰	Touraine	葡萄酒	中欧互认第二批
29	瓦给拉斯	Vacqueyras	葡萄酒	中欧互认第二批
30	卢瓦尔河谷	Val de Loire	葡萄酒	中欧互认第二批
31	旺度	Ventoux	葡萄酒	中欧互认第二批

4.2.1.10 德国地理标志在华保护情况

截至 2022 年底，原产于德国的 6 个地理标志产品在华受到保护，产品类别主要涉及葡萄酒（3 个）、啤酒（2 个）、烈酒（1 个）。其中，仁内华为比利时、德国、法国和荷兰共有的地理标志产品。

序号	产品中文名称	产品原文名称	产品类别	认定公告年份	备注
1	莱茵黑森葡萄酒	Rheinhessen	葡萄酒	2021 年	中欧互认第一批
2	摩泽尔葡萄酒	Mosel	葡萄酒	2021 年	中欧互认第一批
3	弗兰肯葡萄酒	Franken	葡萄酒	2021 年	中欧互认第一批
4	慕尼黑啤酒	Münchener Bier	啤酒	2021 年	中欧互认第一批
5	巴伐利亚啤酒	Bayerisches Bier	啤酒	2021 年	中欧互认第一批
6	仁内华	Genièvre/Jenever/Genever	烈酒	2021 年	比利时、德国、法国、荷兰 中欧互认第一批

2022 年，国家知识产权局受理德国地理标志产品保护申请 10 个（国家知识产权局公告 506 号），涉及面包、糕点、蛋糕、甜食、饼干及其他烘焙品（2 个），面包、糕点、蛋糕、甜食、饼干及其他烘焙品—姜饼（1 个），面包、糕点、蛋糕、甜食、饼干及其他烘焙品—杏仁膏（1 个），其他产品（香料等）—啤酒花（2 个），葡萄酒（2 个），肉制品（烹制、腌制、熏制等）（1 个），肉制品（烹制、腌制、熏制等）—香肠（1 个）7 个类别。

序号	产品中文名称	产品原文名称	产品类别	备注
1	亚琛烤饼	Aachener Printen	面包、糕点、蛋糕、甜食、饼干及其他烘焙品	中欧互认第二批
2	不来梅克拉本蛋糕	Bremer Klaben	面包、糕点、蛋糕、甜食、饼干及其他烘焙品	中欧互认第二批
3	哈勒陶啤酒花	Hopfen aus der Hallertau	其他产品（香料等）—啤酒花	中欧互认第二批
4	吕贝克杏仁膏	Lübecker Marzipan	面包、糕点、蛋糕、甜食、饼干及其他烘焙品—杏仁膏	中欧互认第二批
5	中莱茵	Mittelrhein	葡萄酒	中欧互认第二批
6	纽伦堡香肠／纽伦堡烤香肠	Nürnberger Bratwürste/Nürnberger Rostbratwürste	肉制品（烹制、腌制、熏制等）—香肠	中欧互认第二批
7	纽伦堡姜饼	Nürnberger Lebkuchen	面包、糕点、蛋糕、甜食、饼干及其他烘焙品—姜饼	中欧互认第二批

续表

序号	产品中文名称	产品原文名称	产品类别	备注
8	莱茵高	Rheingau	葡萄酒	中欧互认第二批
9	黑森林德火腿	Schwarzwälder Schinken	肉制品（烹制、腌制、熏制等）	中欧互认第二批
10	泰特南啤酒花	Tettnanger Hopfen	其他产品（香料等）—啤酒花	中欧互认第二批

4.2.1.11 希腊地理标志在华保护情况

截至 2022 年底，原产于希腊的 6 个地理标志产品在华受到保护，产品类别主要涉及葡萄酒（1 个），烈酒（1 个），油脂和脂肪（黄油、人造奶油、油等）—橄榄油（1 个），新鲜或加工水果、蔬菜和谷物—食用橄榄（1 个），天然树胶和树脂—咀嚼树胶（1 个），奶酪（1 个）。其中，乌佐茴香酒为塞浦路斯和希腊共有的地理标志产品。

序号	产品中文名称	产品原文名称	产品类别	认定公告年份	备注
1	萨摩斯甜酒	Σάμος/Samos	葡萄酒	2021 年	中欧互认第一批
2	西提亚橄榄油	Σητεία Λασιθίου Κρήτης/Sitia Lasithiou Kritis	油脂和脂肪（黄油、人造奶油、油等）—橄榄油	2021 年	中欧互认第一批
3	卡拉马塔黑橄榄	Ελιά Καλαμάτας/Elia Kalamatas	新鲜或加工水果、蔬菜和谷物—食用橄榄	2021 年	中欧互认第一批
4	希俄斯乳香	Μαστίχα Χίου/Masticha Chiou	天然树胶和树脂—咀嚼树胶	2021 年	中欧互认第一批
5	菲达奶酪	Φέτα/Feta	奶酪	2021 年	中欧互认第一批
6	乌佐茴香酒	Ούζο/Ouzo	烈酒	2021 年	塞浦路斯、希腊 中欧互认第一批

2022 年，国家知识产权局受理希腊地理标志产品保护申请 10 个（国家知识产权局公告 506 号），涉及烈酒（1 个）、奶酪（2 个）、其他产品（香料等）—西红花（1 个）、葡萄酒（1 个）、油脂和脂肪（黄油、人造奶油、油等）—橄榄油（5 个）5 个类别。

序号	产品中文名称	产品原文名称	产品类别	备注
1	米洛普塔莫斯橄榄油	Βόρειος Μυλοπόταμος Ρεθύμνης Κρήτης (Vorios Mylopotamos Rethymnis Kritis)	油脂和脂肪（黄油、人造奶油、油等）—橄榄油	中欧互认第二批

续表

序号	产品中文名称	产品原文名称	产品类别	备注
2	克里特格雷维拉奶酪	Γραβιέρα Κρήτης (Graviera Kritis)	奶酪	中欧互认第二批
3	卡拉马塔橄榄油	Καλαμάτα (Kalamata)	油脂和脂肪（黄油、人造奶油、油等）—橄榄油	中欧互认第二批
4	克法罗格拉维拉	Κεφαλογραβιέρα (Kefalograviera)	奶酪	中欧互认第二批
5	克里特哈尼亚克里瓦瑞橄榄油	Κολυμβάρι Χανίων Κρήτης (Kolimvari Chanion Kritis)	油脂和脂肪（黄油、人造奶油、油等）—橄榄油	中欧互认第二批
6	科扎尼西红花	Κρόκος Κοζάνης (Krokos Kozanis)	其他产品（香料等）—西红花	中欧互认第二批
7	拉蔻尼亚橄榄油	Λακωνία (Lakonia)	油脂和脂肪（黄油、人造奶油、油等）—橄榄油	中欧互认第二批
8	派撒伊拉克利翁克里特橄榄油	Πεζά Ηρακλείου Κρήτης (Peza Irakliou Kritis)	油脂和脂肪（黄油、人造奶油、油等）—橄榄油	中欧互认第二批
9	阿提卡松香葡萄酒	Ρετσίνα Αττικής (Retsina Attikes)	葡萄酒	中欧互认第二批
10	其普罗	Τσικουδιά / Tsikoudia / Τσίπουρο / Tsipouro	烈酒	中欧互认第二批

4.2.1.12 匈牙利地理标志在华保护情况

截至 2022 年底，原产于匈牙利的 1 个地理标志产品在华受到保护，产品类别为葡萄酒。

序号	产品中文名称	产品原文名称	产品类别	认定公告年份	备注
1	托卡伊葡萄酒	Tokaj	葡萄酒	2021 年	中欧互认第一批

2022 年，国家知识产权局受理匈牙利地理标志产品保护申请 2 个（国家知识产权局公告 506 号），涉及烈酒（1 个）、肉制品（烹制、腌制、熏制等）（1 个）2 个类别。

序号	产品中文名称	产品原文名称	产品类别	备注
1	塞格德泰利萨拉米 / 塞格德萨拉米	Szegedi szalámi / Szegedi téliszalámi	肉制品（烹制、腌制、熏制等）	中欧互认第二批
2	特颗帕林卡	Törkölypálinka	烈酒	中欧互认第二批

4.2.1.13　爱尔兰地理标志在华保护情况

截至 2022 年底，原产于爱尔兰的 2 个地理标志产品在华受到保护，均为烈酒。

序号	产品中文名称	产品原文名称	产品类别	认定公告年份	备注
1	爱尔兰奶油利口酒	Irish cream	烈酒	2021 年	中欧互认第一批
2	爱尔兰威士忌	Irish whiskey / Irish whisky / Uisce Beatha Eireannach	烈酒	2021 年	中欧互认第一批

4.2.1.14　意大利地理标志在华保护情况

截至 2022 年底，原产于意大利的 26 个地理标志产品在华受到保护，产品类别主要涉及葡萄酒（14 个）、烈酒（1 个）、奶酪（7 个）、肉制品（烹制、腌制、熏制等）（3 个）、其他产品（香料等）—调味品（1 个）。

序号	产品中文名称	产品原文名称	产品类别	认定公告年份	备注
1	摩德纳香醋	Aceto balsamico di Modena	其他产品（香料等）—调味品	2021 年	中欧互认第一批
2	艾斯阿格	Asiago	奶酪	2021 年	中欧互认第一批
3	阿斯蒂	Asti	葡萄酒	2021 年	中欧互认第一批
4	巴巴列斯科	Barbaresco	葡萄酒	2021 年	中欧互认第一批
5	超级巴多利诺	Bardolino Superiore	葡萄酒	2021 年	中欧互认第一批
6	巴罗洛	Barolo	葡萄酒	2021 年	中欧互认第一批
7	布拉凯多	Brachetto d'Acqui	葡萄酒	2021 年	中欧互认第一批
8	瓦特里纳风干牛肉火腿	Bresaola della Valtellina	肉制品（烹制、腌制、熏制等）	2021 年	中欧互认第一批
9	布鲁内洛蒙塔奇诺	Brunello di Montalcino	葡萄酒	2021 年	中欧互认第一批
10	圣康帝	Chianti	葡萄酒	2021 年	中欧互认第一批
11	科内利亚诺瓦尔多比亚德尼 – 普罗塞克	Conegliano – Valdobbiadene– Prosecco	葡萄酒	2021 年	中欧互认第一批
12	阿尔巴杜塞托	Dolcetto d'Alba	葡萄酒	2021 年	中欧互认第一批
13	弗朗齐亚科达	Franciacorta	葡萄酒	2021 年	中欧互认第一批
14	戈贡佐拉	Gorgonzola	奶酪	2021 年	中欧互认第一批
15	哥瑞纳 – 帕达诺	Grana Padano	奶酪	2012 年	中欧互认第一批
16	格拉帕酒	Grappa	烈酒	2021 年	中欧互认第一批
17	蒙帕塞诺阿布鲁佐	Montepulciano d'Abruzzo	葡萄酒	2021 年	中欧互认第一批
18	坎帕尼亚水牛马苏里拉奶酪	Mozzarella di Bufala Campana	奶酪	2021 年	中欧互认第一批

续表

序号	产品中文名称	产品原文名称	产品类别	认定公告年份	备注
19	帕马森雷加诺	Parmigiano Reggiano	奶酪	2021年	中欧互认第一批
20	佩克利诺罗马羊奶酪	Pecorino Romano	奶酪	2021年	中欧互认第一批
21	帕尔玛火腿	Prosciutto di Parma	肉制品（烹制、腌制、熏制等）	2012年	中欧互认第一批
22	圣达涅莱火腿	Prosciutto di San Daniele	肉制品（烹制、腌制、熏制等）	2021年	中欧互认第一批
23	苏瓦韦	Soave	葡萄酒	2021年	中欧互认第一批
24	塔雷吉欧乳酪	Taleggio	奶酪	2021年	中欧互认第一批
25	托斯卡诺/托斯卡纳	Toscano/Toscana	葡萄酒	2021年	中欧互认第一批
26	蒙特普齐亚诺贵族葡萄酒	Vino nobile di Montepulciano	葡萄酒	2021年	中欧互认第一批

2022年，国家知识产权局受理意大利地理标志产品保护申请29个（国家知识产权局公告506号），涉及奶酪（4个），其他产品（香料等）—调味品（1个），葡萄酒（8个），肉制品（烹制、腌制、熏制等）（6个），肉制品（烹制、腌制、熏制等）—火腿（1个），新鲜或加工水果、蔬菜和谷物（5个），油脂和脂肪（黄油、人造奶油、油等）—橄榄油（4个）7个类别。

序号	产品中文名称	产品原文名称	产品类别	备注
1	摩德纳传统香醋	Aceto balsamico tradizionale di Modena	其他产品（香料等）—调味品	中欧互认第二批
2	佩斯卡拉阿普鲁蒂诺橄榄油	Aprutino Pescarese	油脂和脂肪（黄油、人造奶油、油等）—橄榄油	中欧互认第二批
3	西西里岛血橙	Arancia Rossa di Sicilia	新鲜或加工水果、蔬菜和谷物	中欧互认第二批
4	博格利西施佳雅	Bolgheri Sassicaia	葡萄酒	中欧互认第二批
5	坎帕尼亚	Campania	葡萄酒	中欧互认第二批
6	古典基安蒂油	Chianti Classico	油脂和脂肪（黄油、人造奶油、油等）—橄榄油	中欧互认第二批
7	古典基安蒂	Chianti classico	葡萄酒	中欧互认第二批
8	摩德纳哥齐诺香肠	Cotechino Modena	肉制品（烹制、腌制、熏制等）	中欧互认第二批
9	齐贝洛库拉泰洛	Culatello di Zibello	肉制品（烹制、腌制、熏制等）	中欧互认第二批
10	芳媞娜	Fontina	奶酪	中欧互认第二批
11	拉蒂纳猕猴桃	Kiwi Latina	新鲜或加工水果、蔬菜和谷物	中欧互认第二批

续表

序号	产品中文名称	产品原文名称	产品类别	备注
12	索巴拉蓝布鲁斯科	Lambrusco di Sorbara	葡萄酒	中欧互认第二批
13	格拉斯帕罗萨·迪·卡斯特韦特罗蓝布鲁斯科	Lambrusco Grasparossa di Castelvetro	葡萄酒	中欧互认第二批
14	马莎拉	Marsala	葡萄酒	中欧互认第二批
15	南蒂罗尔苹果	Mela Alto Adige/ Südtiroler Apfel	新鲜或加工水果、蔬菜和谷物	中欧互认第二批
16	博洛尼亚莫塔德拉大红肠	Mortadella Bologna	肉制品（烹制、腌制、熏制等）	中欧互认第二批
17	佩克瑞诺撒德干酪	Pecorino Sardo	奶酪	中欧互认第二批
18	佩克利诺托斯卡纳羊奶酪	Pecorino Toscano	奶酪	中欧互认第二批
19	帕基诺番茄	Pomodoro di Pachino	新鲜或加工水果、蔬菜和谷物	中欧互认第二批
20	阿格洛－萨尔内斯－诺切利诺地区圣马尔扎诺番茄	Pomodoro S. Marzano dell'Agro Sarnese-Nocerino	新鲜或加工水果、蔬菜和谷物	中欧互认第二批
21	摩德纳火腿	Prosciutto di Modena	肉制品（烹制、腌制、熏制等）	中欧互认第二批
22	托斯卡纳火腿	Prosciutto Toscano	肉制品（烹制、腌制、熏制等）—火腿	中欧互认第二批
23	普罗塞克	Prosecco	葡萄酒	中欧互认第二批
24	瓦尔帕达纳硬奶酪	Provolone Valpadana	奶酪	中欧互认第二批
25	意大利佳诗雅托乐萨拉米香肠	Salamini italiani alla cacciatora	肉制品（烹制、腌制、熏制等）	中欧互认第二批
26	西西里	Sicilia	葡萄酒	中欧互认第二批
27	上阿迪杰烟熏风干火腿	Speck Alto Adige/Südtiroler Markenspeck/ Südtiroler Speck	肉制品（烹制、腌制、熏制等）	中欧互认第二批
28	托斯卡纳橄榄油	Toscano	油脂和脂肪（黄油、人造奶油、油等）—橄榄油	中欧互认第二批
29	威尼托瓦柏里切拉／威尼托艾卡内依以及柏里齐／威尼托德尔格拉帕	Veneto Valpolicella, Veneto Euganei e Berici, Veneto del Grappa	油脂和脂肪（黄油、人造奶油、油等）—橄榄油	中欧互认第二批

4.2.1.15　立陶宛地理标志在华保护情况

截至 2022 年底，原产于立陶宛的 1 个地理标志产品在华受到保护，产品类别为烈酒。

序号	产品中文名称	产品原文名称	产品类别	认定公告年份	备注
1	立陶宛原味伏特加	Originali lietuviška degtinė / Original Lithuanian vodka	烈酒	2021 年	中欧互认第一批

4.2.1.16　波兰地理标志在华保护情况

截至 2022 年底，原产于波兰的 1 个地理标志产品在华受到保护，产品类别为烈酒。

序号	产品中文名称	产品原文名称	产品类别	认定公告年份	备注
1	波兰伏特加	Polska Wódka / Polish Vodka	烈酒	2021 年	中欧互认第一批

2022 年，国家知识产权局受理波兰地理标志产品保护申请 5 个（国家知识产权局公告 506 号），涉及烈酒（1 个），奶酪（1 个），新鲜或加工水果、蔬菜和谷物（1 个），新鲜或加工水果、蔬菜和谷物—苹果（2 个）4 个类别。

序号	产品中文名称	产品原文名称	产品类别	备注
1	北波德拉谢低地区野牛草香味伏特加	Herbal vodka from the North Podlasie Lowland aromatised with an extract of bison grass/Wódka ziołowa z Niziny Północnopodlaskiej aromatyzowana ekstraktem z trawy żubrowej	烈酒	中欧互认第二批
2	格鲁耶茨苹果	Jabłka grójecke	新鲜或加工水果、蔬菜和谷物—苹果	中欧互认第二批
3	翁茨科苹果	Jabłka łąckie	新鲜或加工水果、蔬菜和谷物—苹果	中欧互认第二批
4	大波兰油炸奶酪	Wielkopolski ser smażony	奶酪	中欧互认第二批
5	维斯瓦樱桃	Wiśnia nadwiślanka	新鲜或加工水果、蔬菜和谷物	中欧互认第二批

4.2.1.17　葡萄牙地理标志在华保护情况

截至 2022 年底，原产于葡萄牙的 6 个地理标志产品在华受到保护，产品类别主要涉及葡萄酒（5 个），新鲜或加工水果、蔬菜和谷物（1 个）。

序号	产品中文名称	产品原文名称	产品类别	认定公告年份	备注
1	阿兰特茹	Alentejo	葡萄酒	2021年	中欧互认第一批
2	杜奥	Dão	葡萄酒	2021年	中欧互认第一批
3	杜罗	Douro	葡萄酒	2021年	中欧互认第一批
4	西罗沙梨	Pêra Rocha do Oeste (fruit)	新鲜或加工水果、蔬菜和谷物	2021年	中欧互认第一批
5	波特酒	Porto/Port/Oporto	葡萄酒	2021年	中欧互认第一批
6	葡萄牙绿酒	Vinho Verde	葡萄酒	2021年	中欧互认第一批

2022年，国家知识产权局受理葡萄牙地理标志产品保护申请7个（国家知识产权局公告506号），涉及奶酪（1个）、葡萄酒（2个）、肉制品（烹制、腌制、熏制等）—火腿（1个）、油脂和脂肪（黄油、人造奶油、油等）—橄榄油（3个）4个类别。

序号	产品中文名称	产品原文名称	产品类别	备注
1	摩尔橄榄油	Azeite de Moura	油脂和脂肪（黄油、人造奶油、油等）—橄榄油	中欧互认第二批
2	内阿连特茹橄榄油	Azeite do Alentejo Interior	油脂和脂肪（黄油、人造奶油、油等）—橄榄油	中欧互认第二批
3	山后省橄榄油	Azeite de Trás-os-Montes	油脂和脂肪（黄油、人造奶油、油等）—橄榄油	中欧互认第二批
4	拜拉达	Bairrada	葡萄酒	中欧互认第二批
5	马德拉	Vin de Madère/Madère/Madera/Madeira Wijn/Vino di Madera/Madeira Wein/Madeira Wine/Madeira/Vinho da Madeira	葡萄酒	中欧互认第二批
6	巴兰科斯火腿	Presunto de Barrancos/Paleta de Barrancos	肉制品（烹制、腌制、熏制等）—火腿	中欧互认第二批
7	圣若热奶酪	Queijo S. Jorge	奶酪	中欧互认第二批

4.2.1.18 罗马尼亚地理标志在华保护情况

截至2022年底，原产于罗马尼亚的1个地理标志产品在华受到保护，产品类别为烈酒。

序号	产品中文名称	产品原文名称	产品类别	认定公告年份	备注
1	科特纳里葡萄酒	Cotnari	葡萄酒	2021年	中欧互认第一批

2022 年，国家知识产权局受理罗马尼亚地理标志产品保护申请 9 个（国家知识产权局公告 506 号），涉及烈酒（4 个）、葡萄酒（4 个）、肉制品（烹制、腌制、熏制等）（1 个）3 个类别。

序号	产品中文名称	产品原文名称	产品类别	备注
1	马雷丘陵	Dealu Mare	葡萄酒	中欧互认第二批
2	穆法特拉	Murfatlar	葡萄酒	中欧互认第二批
3	巴林卡	Pălincă	烈酒	中欧互认第二批
4	雷卡什	Recaş	葡萄酒	中欧互认第二批
5	西比乌腊肠	Salam de Sibiu	肉制品（烹制、腌制、熏制等）	中欧互认第二批
6	塔尔纳瓦	Târnave	葡萄酒	中欧互认第二批
7	泽泰亚梅迪耶舒奥里特栗子酒	Ţuică Zetea de Medieşu Aurit	烈酒	中欧互认第二批
8	穆法特拉烧酒	Vinars Murfatlar	烈酒	中欧互认第二批
9	塔尔纳瓦烧酒	Vinars Târnave	烈酒	中欧互认第二批

4.2.1.19　斯洛伐克地理标志在华保护情况

截至 2022 年底，原产于斯洛伐克的 1 个地理标志产品在华受到保护，产品类别为葡萄酒。

序号	产品中文名称	产品原文名称	产品类别	认定公告年份	备注
1	托卡伊葡萄酒产区	Vinohradnícka oblasť Tokaj	葡萄酒	2021 年	中欧互认第一批

4.2.1.20　斯洛文尼亚地理标志在华保护情况

截至 2022 年底，原产于斯洛文尼亚的 1 个地理标志产品在华受到保护，产品类别为葡萄酒。

序号	产品中文名称	产品原文名称	产品类别	认定公告年份	备注
1	多丽娜葡萄酒	Vipavska dolina	葡萄酒	2021 年	中欧互认第一批

2022 年，国家知识产权局受理斯洛文尼亚地理标志产品保护申请 4 个（国家知识产权局公告 506 号），涉及蜂蜜（1 个）、其他食用油—南瓜籽油（1 个）、葡萄酒（2 个）3 个类别。

序号	产品中文名称	产品原文名称	产品类别	备注
1	戈理察巴尔达	Goriška Brda	葡萄酒	中欧互认第二批
2	斯洛文尼亚蜂蜜	Slovenski med	蜂蜜	中欧互认第二批
3	施塔依尔斯洛文尼亚	Štajerska Slovenija	葡萄酒	中欧互认第二批
4	施塔依尔穆拉南瓜籽油	Štajersko prekmursko bučno olje	其他食用油—南瓜籽油	中欧互认第二批

4.2.1.21　西班牙地理标志在华保护情况

截至2022年底，原产于西班牙的12个地理标志产品在华受到保护，产品类别主要涉及葡萄酒（8个）、烈酒（1个）、油脂和脂肪（黄油、人造奶油、油等）—橄榄油（2个）、奶酪（1个）。

序号	产品中文名称	产品原文名称	产品类别	认定公告年份	备注
1	里奥哈	Rioja	葡萄酒	2021年	中欧互认第一批
2	卡瓦	Cava	葡萄酒	2021年	中欧互认第一批
3	加泰罗尼亚	Cataluña	葡萄酒	2021年	中欧互认第一批
4	拉曼恰	La Mancha	葡萄酒	2021年	中欧互认第一批
5	瓦尔德佩涅斯	Valdepeñas	葡萄酒	2021年	中欧互认第一批
6	雪莉白兰地	Brandy de Jerez	烈酒	2021年	中欧互认第一批
7	蒙切哥乳酪	Queso Manchego	奶酪	2021年	中欧互认第一批
8	赫雷斯-雪莉／雪莉	Jerez/Xérès/Sherry	葡萄酒	2021年	中欧互认第一批
9	纳瓦拉	Navarra	葡萄酒	2021年	中欧互认第一批
10	瓦伦西亚	Valencia	葡萄酒	2021年	中欧互认第一批
11	马吉那山脉	Sierra Mágina	油脂和脂肪（黄油、人造奶油、油等）—橄榄油	2011年	中欧互认第一批
12	布列高科尔多瓦	Priego de Córdoba	油脂和脂肪（黄油、人造奶油、油等）—橄榄油	2011年	中欧互认第一批

2022年，国家知识产权局受理西班牙地理标志产品保护申请36个（国家知识产权局公告506号），产品类别主要涉及葡萄酒（15个），油脂和脂肪（黄油、人造奶油、油等）—橄榄油（9个），肉制品（烹制、腌制、熏制等）—火腿（3个），烈酒（1个），面包、糕点、蛋糕、甜食、饼干及其他烘焙品—果仁糖（1个），面包、糕点、蛋糕、甜食、饼干及其他烘焙品—牛轧糖（1个），奶酪（1个），其他产品（1个），其他产品（香料等）—西红花（1个），肉制品（烹制、腌制、熏制等）（1个），肉制品（烹制、腌制、熏制等）—香肠（1个），新鲜或加工水果、蔬菜和谷物—柑（1个）12个类别。

序号	产品中文名称	产品原文名称	产品类别	备注
1	下阿拉贡橄榄油	Aceite del Bajo Aragón	油脂和脂肪（黄油、人造奶油、油等）—橄榄油	中欧互认第二批
2	阿利坎特	Alicante	葡萄酒	中欧互认第二批
3	安特戈拉	Antequera	油脂和脂肪（黄油、人造奶油、油等）—橄榄油	中欧互认第二批
4	拉曼恰番红花（西红花）	Azafrán de la Mancha	其他产品（香料等）—西红花	中欧互认第二批
5	巴埃纳	Baena	油脂和脂肪（黄油、人造奶油、油等）—橄榄油	中欧互认第二批
6	比埃尔索	Bierzo	葡萄酒	中欧互认第二批
7	瓦伦西亚柑橘	Cítricos Valencianos/Cîtrics Valencians	新鲜或加工水果、蔬菜和谷物—柑	中欧互认第二批
8	埃斯特雷马图拉	Dehesa de Extremadura	肉制品（烹制、腌制、熏制等）—香肠	中欧互认第二批
9	恩波尔达	Empordà	葡萄酒	中欧互认第二批
10	埃斯特巴	Estepa	油脂和脂肪（黄油、人造奶油、油等）—橄榄油	中欧互认第二批
11	基胡埃罗	Guijuelo	肉制品（烹制、腌制、熏制等）—火腿	中欧互认第二批
12	哈布戈	Jabugo	肉制品（烹制、腌制、熏制等）—火腿	中欧互认第二批
13	特鲁埃尔火腿/特鲁埃尔前腿	Jamón de Teruel/Paleta de Teruel	肉制品（烹制、腌制、熏制等）—火腿	中欧互认第二批
14	基霍纳	Jijona	面包、糕点、蛋糕、甜食、饼干及其他烘焙品—牛轧糖	中欧互认第二批
15	胡米亚	Jumilla	葡萄酒	中欧互认第二批
16	马宏-梅诺卡	Mahón-Menorca	奶酪	中欧互认第二批
17	马拉加	Málaga	葡萄酒	中欧互认第二批
18	圣卢卡尔-德-巴拉梅达曼萨尼亚葡萄酒	Manzanilla - Sanlúcar de Barrameda	葡萄酒	中欧互认第二批
19	纳瓦拉李子酒	Pacharán navarro	烈酒	中欧互认第二批
20	佩内德斯	Penedès	葡萄酒	中欧互认第二批
21	普里奥拉托	Priorat	葡萄酒	中欧互认第二批
22	下海湾地区	Rías Baixas	葡萄酒	中欧互认第二批
23	杜埃罗河岸	Ribera del Duero	葡萄酒	中欧互认第二批
24	卢埃达	Rueda	葡萄酒	中欧互认第二批
25	卡索尔拉山区	Sierra de Cazorla	油脂和脂肪（黄油、人造奶油、油等）—橄榄油	中欧互认第二批

续表

序号	产品中文名称	产品原文名称	产品类别	备注
26	塞古拉山区	Sierra de Segura	油脂和脂肪（黄油、人造奶油、油等）—橄榄油	中欧互认第二批
27	西乌拉纳	Siurana	油脂和脂肪（黄油、人造奶油、油等）—橄榄油	中欧互认第二批
28	索蒙塔诺	Somontano	葡萄酒	中欧互认第二批
29	托罗	Toro	葡萄酒	中欧互认第二批
30	阿利坎特杏仁糖	Turrón de Alicante	面包、糕点、蛋糕、甜食、饼干及其他烘焙品—果仁糖	中欧互认第二批
31	乌迭尔－雷格纳	Utiel-Requena	葡萄酒	中欧互认第二批
32	卡利涅纳	Cariñena	葡萄酒	中欧互认第二批
33	托雷多山区	Montes de Toledo	油脂和脂肪（黄油、人造奶油、油等）—橄榄油	中欧互认第二批
34	蒙蒂尔地区橄榄油	Aceite Campo de Montiel	油脂和脂肪（黄油、人造奶油、油等）—橄榄油	中欧互认第二批
35	洛斯佩德罗切斯	Los Pedroches	肉制品（烹制、腌制、熏制等）	中欧互认第二批
36	雪利醋	Vinagre de Jerez	其他产品	中欧互认第二批

4.2.1.22　瑞典地理标志在华保护情况

截至 2022 年底，原产于瑞典的 1 个地理标志产品在华受到保护，产品类别为烈酒。

序号	产品中文名称	产品原文名称	产品类别	认定公告年份	备注
1	瑞典伏特加	Svensk Vodka / Swedish Vodka	烈酒	2021 年	中欧互认第一批

4.2.1.23　荷兰地理标志在华保护情况

截至 2022 年底，原产于荷兰的 1 个地理标志产品在华受到保护，产品类别为烈酒，且为比利时、德国、法国和荷兰共有的地理标志产品。

序号	产品中文名称	产品原文名称	产品类别	认定公告年份	备注
1	仁内华	Genièvre / Jenever / Genever	烈酒	2021 年	比利时、德国、法国、荷兰中欧互认第一批

2022 年，国家知识产权局受理荷兰地理标志产品保护申请 2 个（国家知识产权局公告 506 号），涉及的类别为奶酪。

序号	产品中文名称	产品原文名称	产品类别	备注
1	荷兰伊丹奶酪	Edam Holland	奶酪	中欧互认第二批
2	荷兰豪达奶酪	Gouda Holland	奶酪	中欧互认第二批

4.2.1.24 丹麦地理标志在华保护情况

截至 2022 年底，原产于丹麦的 1 个地理标志产品在华受到保护，产品类别为奶酪。

序号	产品中文名称	产品原文名称	产品类别	认定公告年份	备注
1	丹麦蓝乳酪	Danablu	奶酪	2021 年	中欧互认第一批

2022 年，国家知识产权局受理丹麦地理标志产品保护申请 1 个（国家知识产权局公告 506 号），涉及的类别为葡萄酒。

序号	产品中文名称	产品原文名称	产品类别	备注
1	唐思	Dons	葡萄酒	中欧互认第二批

4.2.1.25 马耳他地理标志在华保护情况

2022 年，国家知识产权局受理马耳他地理标志产品保护申请 1 个（国家知识产权局公告 506 号），涉及的类别为葡萄酒。

序号	产品中文名称	产品原文名称	产品类别	备注
1	马耳他	Malta	葡萄酒	中欧互认第二批

4.2.1.26 卢森堡地理标志在华保护情况

2022 年，国家知识产权局受理卢森堡地理标志产品保护申请 1 个（国家知识产权局公告 506 号），涉及的类别为葡萄酒。

序号	产品中文名称	产品原文名称	产品类别	备注
1	卢森堡摩泽尔	Moselle Luxembourgeoise	葡萄酒	中欧互认第二批

4.2.1.27 奥地利、比利时、德国地理标志在华保护情况

2022 年，国家知识产权局受理奥地利、比利时、德国联合申报的地理标志产品保护申请 1 个（国家知识产权局公告 506 号），涉及的类别为烈酒。

序号	产品中文名称	产品原文名称	产品类别	备注
1	科恩酒 / 科恩烧酒	Korn / Kornbrand	烈酒	中欧互认第二批

4.2.1.28 奥地利、匈牙利地理标志在华保护情况

2022 年，国家知识产权局受理奥地利、匈牙利联合申报的地理标志产品保护申请 1 个（国家知识产权局公告 506 号），涉及的类别为烈酒。

序号	产品中文名称	产品原文名称	产品类别	备注
1	帕林卡	Pálinka	烈酒	中欧互认第二批

4.2.1.29 克罗地亚、斯洛文尼亚地理标志在华保护情况

2022 年，国家知识产权局受理克罗地亚、斯洛文尼亚联合申报的地理标志产品保护申请 1 个（国家知识产权局公告 506 号），涉及的类别为肉制品（烹制、腌制、熏制等）—火腿。

序号	产品中文名称	产品原文名称	产品类别	备注
1	伊斯特拉熏火腿	Istarski pršut / Istrski pršut	肉制品（烹制、腌制、熏制等）—火腿	中欧互认第二批

4.2.2 美国地理标志在华保护情况

截至 2022 年底，原产于美国的 1 个地理标志产品在华受到保护，产品类别为葡萄酒。

序号	产品中文名称	产品原文名称	产品类别	认定公告年份
1	纳帕河谷（葡萄酒）	Napa Valley（Wines）	葡萄酒	2012 年

4.2.3 英国地理标志在华保护情况

截至 2022 年底，原产于英国的 4 个地理标志产品在华受到保护，主要产品类别涉及烈酒（1 个）、鱼（1 个）、奶酪（2 个）。

序号	产品中文名称	产品原文名称	产品类别	认定公告年份
1	苏格兰威士忌	Scotch Whisky	烈酒	2010 年
2	西乡农场切德（奶酪）	West Country Farmhouse Cheddar	奶酪	2011 年
3	苏格兰养殖三文鱼	Scottish farmed salmon	鱼	2011 年
4	斯提尔顿白奶酪／斯提尔顿蓝奶酪	White Stilton cheese/Blue Stilton cheese	奶酪	2012 年

4.2.4 墨西哥地理标志在华保护情况

截至 2022 年底，原产于墨西哥的 1 个地理标志产品在华受到保护，即龙舌兰酒（特其拉），产品类别为烈酒。

序号	产品中文名称	产品原文名称	产品类别	认定公告年份
1	龙舌兰酒（特其拉）	Tequila	烈酒	2014 年

第五章　地方工作

北京市：构建由政府主导、企业自治、行业协会自律、执法部门监管、行政与司法保护协同的保护模式

夯实地理标志保护制度。制定《北京市地理标志保护产品专用标志使用核准工作规范（试行）》，颁布《北京市知识产权保护条例》，印发《北京市知识产权强国示范城市建设纲要（2021—2035年）》，着力深化地理标志管理改革、夯实地理标志保护和管理制度基础、推动地理标志与特色产业发展有机融合。

健全地理标志工作体系。北京市加强知识产权管理部门与标准、质量、检验检疫部门的协调联动，开展地理标志产品质量检测，推动地理标志产品地方标准制定。

加大地理标志保护力度。开展"春雷行动"、探索远程实时监测，建立"线上线下"快速协查机制；积极研究跨境电商平台知识产权保护规则，在包装印制、产品生产和流通等环节查处滥用、冒用、伪造地理标志专用标志等各类侵权违法行为。北京市形成了由政府主导、企业自治、行业协会自律、执法部门监管、行政与司法保护协同的保护模式，不断提升地理标志保护效果。

强化地理标志专用标志使用监督管理。积极开展地理标志专用标志使用申请初审工作，缩短核准时间，提升用标核准效率。畅通12345接诉即办等地理标志知识产权侵权的投诉举报渠道。加强地理标志专用标志使用行政监管，及时查处相关案件。

强化保护宣传。2021—2022 年连续两年，在中国国际服务贸易交易会组织召开"世界地理标志产品品牌分销服务大会"。利用"4·26 世界知识产权日"、世界地理标志大会等重要时间节点，在《中国知识产权报》、北京头条、《北京日报》等多家媒体对北京市地理标志的发展进行了专题宣传报道。

加强合作共赢。2022 年，北京市积极推动地理标志国际合作：牛栏山二锅头、北京鸭两件地理标志列入《中欧地理标志协定》第二批互认互保清单，提交牛栏山二锅头、北京鸭两件地理标志英文版质量技术规范及相关翻译件，推动完成受理工作。

天津市：建立跨部门、跨区域知识产权保护协作机制

夯实地理标志保护制度。印发《天津市知识产权局关于进一步推动知识产权服务乡村振兴工作的指导意见》和《天津市国家地理标志产品保护示范区建设工作指引》，助力乡村振兴。蓟州区制定《蓟州区市场和质量监督管理局关于加强地理标志产品的监督管理制度》。津南区印发《小站稻国家地理标志保护示范区建设实施方案》。宁河区制定《宁河区市场和质量监督管理局关于加强地理标志产品的监督管理制度》。静海区将独流老醋地理标志保护产品列入政府发展规划鼓励或重点支持范围。

健全地理标志工作体系。积极拓展工作思路，加强与天津市农学会、天津市知识产权保护中心的沟通合作，共同加大地理标志产品和重点涉农商标培育发展工作力度。着力推进地理标志保护标准体系、检验检测体系和质量管理体系建立健全等。在推动示范区建设工作的基础上，以点带面，推动各区坚持高质量发展、高标准管理、高水平保护的原则，推进地理标志产品和涉农产品、服务商标的发展。

加大地理标志保护力度。2022 年全市积极开展商标、地理标志保护工作，全年办结各类商标侵权案件 376 件，罚没款 919.44 万元，移送司法机关案件 17 件，通过市级媒体曝光知识产权行政保护典型案例 10 件。津南区开展地理标志保护专项行动、出动执法人员 56 人次，检查经营主体 46 户次。

强化地理标志专用标志使用监督管理。建立地理标志专用标志使用监管制度机制，对有需求使用地理标志专用标志的生产经营者及时予以指导，规范日常地

理标志的印刷、使用与管理。开展地理标志专用标志使用主动监测，及时发现、制止违反专用标志使用管理规定的行为，及时查处各种侵犯地理标志产品的违法行为。

强化保护宣传。充分利用"3·15 国际消费者权益日""4·26 世界知识产权日""5·10 中国品牌日"等重点时段加强对各类经营主体的宣传培训等服务活动，开展经常性专题辅导和案例分享，增强全社会尊重和保护知识产权的意识，营造良好社会氛围。

加强合作共赢。宝坻区与公安、检察院、文化、司法等 6 部门建立跨部门知识产权保护协作机制，并与河北香河市场监督管理局建立"京津冀"跨区域执法协同机制，围绕侵权假冒等多领域深化执法协作，建立信息共享机制，畅通信息沟通渠道，建立重大案件报告制度。

河北省：开展"三查三看"监督检查，提升地理标志行政保护水平

夯实地理标志保护制度。制定下发了《2022 年全省知识产权行政保护实施方案》（冀市监函〔2022〕61 号）、《河北省市场监督管理局关于加强地理标志行政执法保护工作的通知》（冀市监函〔2022〕170 号），对地理标志保护提出明确要求，切实提高认识、统筹规划、明确措施、夯实责任，确保各项工作落到实处，不断提升地理标志保护对全省经济发展的贡献率。

健全地理标志工作体系。鼓励支持制修订地理标志地方标准或团体标准，指导相关主体建立完善地理标志质量标准体系，2022 年全省新制定地方标准 2 件、团体标准 23 件。指导地理标志生产经营主体从产品生产、加工、销售等方面严格遵守质量标准，保证产品质量，维护消费者的利益。鼓励有条件的地理标志产品产地建设专业化检验检测机构，畅通政府部门、行业协会等采信检验检测结果的信息渠道。

加大地理标志保护力度。一是加强日常监管，规范生产经营行为。组织各市有针对性地开展"三查三看"监督检查。一查地理标志专用标志监管情况，看是否对专用标志使用进行有效管理或控制；二查地理标志产品质量控制情况，看地理标志产品是否按标准组织生产；三查线上线下监管情况，看在营销宣传和产品外包装使用中是否有违法使用专用标志行为。通过"三查三看"，不断将行政执法保护

推向深入。二是落实监督抽检，保障特色品质和质量。2022年，共抽检核准使用地理标志保护产品专用标志的7类地理标志产品35批次，结果均为合格。省、市、县三级共对"晋州鸭梨""涞水麻核桃"进行了59批次的特色品质和质量安全检测，检验结果全部合格。三是依法查处，严厉打击侵权违法行为。结合地理标志产品的区域性、季节性等特点，组织开展专项整治和执法指导，2022年，查办地理标志案件2件，罚没款5万元。

强化地理标志专用标志使用监督管理。在商标印制、产品生产、流通等环节查处滥用、冒用、伪造地理标志专用标志的行为。加大监管和抽查，构建打击侵权假冒立体网络，推动地理标志多角度全链条保护。结合实际，督导各市通过展会巡查、不定期检查等方式对地理标志使用企业进行实时动态监管，杜绝用标不规范行为。

强化保护宣传。指导各市通过假冒商品展示、进企业进市场进社区进校园进网络宣讲、新闻媒体报道、新媒介传播等形式积极开展地理标志保护宣传活动，为群众解读地理标志保护相关法律法规知识。针对行政部门、企业、群众分别组织开展远程培训，发动全社会力量积极参与，为地理标志保护营造浓厚氛围。

加强合作共赢。积极参加中法地理标志在线研讨会。做好中欧地理标志互认互保第二批清单产品受理公示准备，组织张家口、沧州、邯郸3市涉及的4个产品根据要求制定、修改技术规范。

山西省：加大地理标志保护力度，加强专用标志使用管理

夯实地理标志保护制度。制定印发《知识产权强省建设纲要》《山西省"十四五"知识产权保护和运用规划》，明确提出"地理标志保护工程"和"地理标志运用促进工程"等具体政策举措，为地理标志工作明确方向和任务。制定实施《山西老陈醋保护条例》，明确了山西老陈醋国家标准的核心内容和山西老陈醋生产应当具备的工艺特点，并从对传统酿造技艺保护、知识产权保护、监督管理等方面强化对山西老陈醋的保护。

健全地理标志工作体系。落实国家知识产权局《地理标志保护和运用"十四五"规划》，结合山西实际研究制定本省"十四五"地理标志工作重点。逐步建立地理标志保护标准体系、检验检测体系和质量保证体系。2022年度新增地

理标志地方标准 4 项，团体标准 4 项。指导"平遥牛肉"地理标志产品产地建设专业化检验检测机构。

加大地理标志保护力度。开展地理标志保护执法行动，各地以地理标志保护产品和以地理标志注册的集体商标、证明商标为重点，严厉查处地理标志侵权假冒违法行为。其中，晋城市市场监督管理局查办"山西老陈醋"证明商标侵权案入选国家知识产权局地理标志行政保护典型案例。昔阳县市场监督管理局查办违规使用地理标志专用标志"昔阳压饼"案件，被国家知识产权局作为执法疑难问题批复后抄送全国。

强化地理标志专用标志使用监督管理。2022 年度以"铁拳"行动、"双随机、一公开"监管工作为契机，对地理标志使用情况开展监测。其中，太原市对全县 41 家食醋生产企业进行检查，并对 11 家使用"山西老陈醋"地理标志的商标标识进行了全面指导和规范。晋中市共组织各县（区、市）局开展抽查检查工作 23 次，共派出 69 人次，对获得地理标志专用标志矢量图下载权限的 47 家企业进行实地走访，对企业存在的地理标志证明商标使用过程中存在的问题进行现场指导，以监管促保护，整体推进地理标志保护工作。

强化保护宣传。加强地理标志保护政策宣传和舆论引导，积极发挥线上宣传的优势，利用互联网平台广泛开展宣传活动，开展地理标志保护"五进活动"，不断提升生产者、经营者、消费者保护意识，推动地方特色经济高质量发展。

加强合作共赢。推动山西老陈醋、沁州黄小米、隰县玉露香梨进入欧盟市场，充分发挥省内旅居欧洲华人的桥梁纽带作用及驻欧企业和商会的作用，加大宣传力度，提高"山西老陈醋"等地理标志产品的国际认知度。并通过各类国际交流合作平台，拓展海外市场，推动省内地理标志产品"走出去"。

内蒙古自治区：加快标准"立改废释"步伐，提升高质量地理标志产品标准的有效供给

夯实地理标志保护制度。制定印发了《内蒙古自治区"十四五"知识产权保护和运用规划》和《贯彻落实〈知识产权强国建设纲要（2021—2035 年）〉实施方案》文件，对地理标志保护做了全面的部署。在签订《黄河生态经济带知识产权保护合作协议》的基础上，开展沿黄 9 省（区）地理标志联合保护行动，公布了重点地理标志重点监管名录 285 条，形成跨区域知识产权保护一体化工作格局。

健全地理标志工作体系。梳理现有地理标志产品标准，加快标准"立改废释"步伐，完成小文公大蒜等地理标志产品地方标准的修订，加强与地理标志保护要求的衔接，提升高质量地理标志保护产品标准的有效供给。鼓励第三方检测机构为地理标志保护提供数据和技术支持，畅通政府部门、行业协会等采信检验检测结果的信息渠道。完善特色质量保证体系，充分发挥企业和地理标志注册人在质量把控和市场运行中的主体作用，提高地理标志产品生产者质量管理水平。

加大地理标志保护力度。开展地理标志保护执法专项行动，各地以地理标志保护产品和以地理标志注册的集体商标、证明商标为重点，严厉查处地理标志侵权假冒违法行为。2022年查处侵犯"苏尼特羊肉"地理标志商标案件1件，罚没金额1.1万元；查处涉嫌侵犯"西旗羊肉"地理标志保护产品案件1件，罚没金额2.6万元，有效维护了地理标志保护产品和注册商标专用权的合法权益。

强化地理标志专用标志使用监督管理。印发《关于进一步加强地理标志专用标志使用管理的通知》，初步建立了地理标志专用标志使用申请制度和地理标志监管制度。2022年度，全区地理标志保护产品申请用标企业21家，地理标志商标申请用标企业152家。初步形成全区地理标志专用标志初步审查规范，为进一步提高地理标志专用标志初审效率打下良好基础。

强化保护宣传。扎实开展"知识产权宣传周"活动，广泛宣传知识产权相关法律法规、印制"我的家乡有地标"宣传画册、指导地理标志侵权投诉案件、发布典型案例等。内蒙古自治区知识产权局协调自治区政府新闻办召开新闻发布会，公开发布2022年全区市场监管部门知识产权保护十大典型案例，新华网、人民网等多家新闻媒体进行采访报道。

加强合作共赢。按照相关工作部署，高质量完成第二批中欧地理标志互认互保清单中"阿拉善白绒山羊""阿拉善双峰驼"等地理标志产品技术规范中英文版本的编写、审定和校译工作，并及时提交报送。加强与国外知识产权机构地理标志领域的交流合作，强化审查认定标准交流和海外市场信息共享，加快优质地理标志产品走出去的步伐。

辽宁省：实施地理标志清单式管理，为地理标志保护"亮剑护航"

夯实地理标志保护制度。统筹部署"十四五"地理标志工作。印发《辽宁省贯彻落实地理标志保护和运用"十四五"规划实施意见》，围绕国家地理标志挖掘、培育、运用和保护的各项工作部署，以管理促运用、以保护促发展，明确提出全省"十四五"时期，地理标志工作的总体思路、工作目标、重点任务和保障措施。

健全地理标志工作体系。积极支持地理标志产品标准体系建设。把地理标志专用标准的立项和发布作为重点工作，持续推进地理标志标准体系建设。2022年，新制定发布了"建平小米""建平红小豆""建平荞麦""清原龙胆""腾鳌温泉草莓"等12个地理标志保护产品专用标准。

加大地理标志保护力度。印发《2022年度辽宁省知识产权保护"亮剑护航"行动方案》，在工作重点中明确提出"加强地理标志领域知识产权保护"。以辽宁省纳入《中欧地理标志协定》附录的地理标志产品为重点，施行地理标志清单式监管，加大对违法违规使用地理标志专用标志行为的处罚力度。在地理标志保护机制下，做好道地药材标志保护。发布包括地理标志在内的4件地理标志和特殊标志行政执法指导案例。

强化地理标志专用标志使用监督管理。每年按照工作计划，申请财政专项资金，开展地理标志产品抽检工作。指导各地通过加强宣传推广、调查摸底、监督检查等各项工作措施，结合地理标志产品抽检结果，对地理标志生产经营主体进行规范化的专用标志使用指导，及时纠正违法使用专用标志行为。

强化保护宣传。制定地理标志宣传计划，组织各级知识产权部门结合"4·26世界知识产权日"等重要时间节点，充分利用报刊、广播、电视、互联网等各类新闻媒体，广泛宣传地理标志相关知识，举办辽宁省2022年"地理标志直播节"等活动，有效提升了地理标志的社会认可度。

加强合作共赢。按照相关工作部署，积极组织省内中欧互认互保地理标志产品完善生产规范中英文文本，对省内优秀地理标志走向世界、促进区域特色品牌发展起到积极推动作用。

吉林省：建立健全地理标志保护工作体系，保障地理标志产品质量特色突出、稳定

夯实地理标志保护制度。围绕地理标志"标志—产品—品牌—产业"发展路径，结合吉林省地理标志保护工作特点，逐步研究建立地理标志保护制度机制，推动地理标志保护深入发展。

健全地理标志工作体系。积极建立地理标志保护标准体系，共制定地理标志国家标准 5 项，地方标准 46 项，指导企业按标准和加工技术工艺生产，使企业"有标可依""按标生产""特色突出"。建立检验检测体系，依据检测能力设定了以省产品质量监督检验院为核心的检验检测技术机构，保证地理标志产品的质量特色。加强质量管理体系建设，建立了地理标志保护检查对象随机抽查名录，加大了对生产经营主体的培训，地理标志产品生产者的质量管理水平不断提高。

加大地理标志保护力度。各地区知识产权保护部门，围绕农贸市场、商场超市、专卖店，聚焦农产品、加工食品、应季上市地理标志产品开展监督检查，促进地理标志保护工作健康有序发展。2022 年，查处地理标志侵权案件 1 件，推荐地理标志典型案例 1 件。

强化地理标志专用标志使用监督管理。大力宣传《地理标志保护规定》和《地理标志专用标志使用管理办法（试行）》，对地理标志专用标志使用情况进行检查，规范专用标志使用行为。2022 年 8 月至 9 月，按照"双随机、一公开"的有关要求，对吉林梅花鹿、延边大米、乾安黄小米等 21 户用标企业开展抽查，抽查比例达到 80% 以上，现场纠正和解决了企业执行标准不准确、标志使用不规范等问题，确保用标企业的产品质量。

强化保护宣传。利用"4·26"知识产权宣传周等大力宣传地理标志产品保护政策和相关知识，加强舆论引导，提升全社会对地理标志保护的意识。利用国家知识产权网站、《中国知识产权报》"我的家乡有地标"和"多采 GI"专栏宣传推介吉林地理标志产品，不断提高知名度和市场竞争力。

加强合作共赢。组织吉林长白山人参、吉林梅花鹿、松花石、松花砚等地理标志产品用标企业参加东北亚投资贸易博览会、中国长春国际农业·食品博览（交易）会、陕西第 29 届中国杨凌农业高新科技成果博览会等展销会、博览会，支持企业拓展海内外市场，提升地理标志的影响力和市场竞争力。

黑龙江省：探索地理标志产品质量抽检工作机制，鼓励开展常态化抽检

夯实地理标志保护制度。印发《黑龙江省知识产权局地理标志保护产品专用标志使用核准工作规范（试行）》《黑龙江省知识产权局实施〈地理标志保护和运用"十四五"规划〉工作方案》《黑龙江省知识产权局关于进一步做好地理标志培

育与地理标志专用标志使用管理工作的通知》《黑龙江国家地理标志产品保护示范区建设工作指引》，全面强化地理标志保护与运用工作。

健全地理标志工作体系。推动产地政府加强应用标准、检验检测、认证等质量基础设施建设，构建政府监管、行业管理、生产者自律的质量保证体系。积极探索建立地理标志产品特色质量抽检工作机制，鼓励有条件的地方开展地理标志产品特色质量常态化抽检工作。鼓励综合运用大数据技术，建立来源可查、去向可追、责任可究的地理标志来源追溯机制。

加大地理标志保护力度。开展 2022 年秋季地理标志保护专项行动，指导全省市场监管部门以粮油、蔬菜、畜禽、瓜果、水产品等省内外高知名度地理标志产品为重点，组织执法力量对辖区内重点区域进行排查，规范地理标志专用标志使用，严厉打击地理标志领域违法行为。

强化地理标志专用标志使用监督管理。针对 2021 年 12 月 31 日前经核准使用地理标志专用标志的合法使用人，按照 12% 的平均比例抽取 107 户，组织各地市场监管部门进行检查，均未发现涉嫌地理标志专用标志使用违法违规行为。

加强保护宣传。组织地理标志产品参加品牌价值评价活动，提升品牌影响力。鼓励知识产权监管和执法人员参加国家、省、市知识产权局的线上线下培训，提升保护能力，培训人员达 572 人次。

加强合作共赢。协调开展对省内纳入《中欧地理标志协定》第二批互认互保清单的勃利红松籽、佳木斯大米、穆棱大豆、饶河东北黑蜂蜂蜜、太保胡萝卜 5 个地理标志中英文技术规范的修改完善工作。

上海市：通过"一网通办"，有效压缩地理标志专用标志使用核准周期

完善地理标志保护制度。制定《上海市知识产权强市建设纲要和"十四五"规划实施推进计划（2022—2023）》《上海市电子商务知识产权保护工作若干意见（试行）》和《上海市地理标志专用标志使用核准改革试点推进计划》，加大行政执法专项行动力度，加强对地理标志侵权假冒的查处，加强网络交易地理标志等知识产权的保护，并加强地理标志专用标志使用监督管理体系建设。颁布《上海市浦东新区建立高水平知识产权保护制度若干规定》，对浦东新区地理标志保护作出了专门规定。

健全地理标志工作体系。印发《关于开展 2022 年地理标志保护专项行动的通知》，加强对地理标志的规范生产监管，指导企业建立完善质量管理体系，按照地理标志产品标准开展生产经营活动。此外，各区局加强与检测服务机构的合作，定期对地理标志产品开展质量抽检工作，确保地理标志产品质量特色。2022 年，完成"地理标志产品崇明大米""地理标志产品崇明香酥芋"的团体标准制修订工作。

强化地理标志保护。聚焦生产、销售重点环节，加强生产流通领域专项执法检查，依法严厉打击地理标志侵权假冒行为。印发《关于开展 2022 年地理标志保护专项行动的通知》，明确将地理标志产品的产地范围、质量等级、专用标志使用和产品标准符合性等纳入日常监督管理范围，共出动执法人员 1166 人次，检查经营主体 1973 户次，立案查处地理标志案件 13 件。

强化地理标志专用标志使用监督管理。探索将地理标志专用标志核准纳入"一网通办"，将申请核准并完成备案的周期压缩至 14 天。监测电商平台，及时发现问题并通报侵权线索。印发《关于开展 2022 年度集体商标、证明商标（含地理标志）使用行为随机抽查的工作方案》，按照不少于 10% 的比例，抽查地理标志专用标志使用企业，未发现违法行为。

强化保护宣传。着力加强宣传引导，依托新闻媒体和政务新媒体，多层次开展地理标志保护宣传，普及地理标志保护知识，激发市场主体运用地理标志参与市场竞争的积极性、主动性。

加强合作共赢。着力加强协同保护，依托长三角、十二省市知识产权合作机制，实现地标侵权违法线索、监管标准、保护信息的互联互通。

江苏省：推动地理标志与文化传承相融合，提升地理标志产品附加值

夯实地理标志保护制度。加强地理标志工作的组织领导和政策引导，制定出台《江苏省知识产权强省建设纲要（2021—2035 年）》，明确提出"实施地理标志保护工程"等具体政策举措，为地理标志工作明确方向和任务。颁布实施《江苏省知识产权促进和保护条例》，规定要"支持地理标志商标注册、产品登记，建立优质地理标志培育机制，推动地理标志与特色产业绿色发展、历史文化传承以及乡村振兴有机融合，提升地理标志品牌影响力和产品附加值"，为加强地理标志管

理和保护提供法治保障。

健全地理标志工作体系。指导镇江香醋、盱眙龙虾加强标准化管理，推动盐水鸭等产品制定地理标志标准 15 项，用高标准引领地理标志产品质量提升。完善地理标志产品原料获取、生产加工、市场销售全流程电子化管理，推动二维码、防伪标签等质量追溯信息化手段应用。推动相关单位自建或委托专业机构组建专业技术团队，提升检验检测能力，累计选定或委托检验检测机构 64 家。

加大地理标志保护力度。推动建立电子商务企业及电商平台日常监管工作机制，实施线上线下协同治理。无锡市知识产权局印发《关于加强"阳山"水蜜桃品牌运用与保护的若干措施》，指导阳山水蜜桃桃农协会创新"阳山水蜜桃"线上销售"白名单"制度，建立品牌维权快速处置机制，有力提升网络维权效率。苏州市吴中区知识产权局持续开展洞庭（山）碧螺春茶保护专项行动，组织抽检 68 批次，抽查企业 53 家，处理投诉举报 39 件，立案 2 件。

强化地理标志专用标志使用监督管理。积极申报并获批持续深化地理标志专用标志使用核准改革试点，进一步完善申报管理系统，优化工作团队结构，地理标志专用标志使用核准效率得到明显提升。2022 年，共核准 3 批次 29 家单位使用地理标志专用标志，涉及邳州银杏、射阳大米等地理标志产品。

强化保护宣传。组织开展"苏地优品——我最喜爱的江苏地理标志产品"公益调查活动，在《扬子晚报》、"学习强国"等多个平台宣传报道，114 万人次参与投票，评出"江苏地理标志 30 强"等 6 个榜单。推动将地理标志促进和保护纳入全省知识产权培训体系，重点开展地理标志申请注册、使用监管、维权保护等实务培训，2022 年共培训地理标志从业人员 4054 人。

加强合作共赢。组织镇江香醋等地理标志产品参加中国杨凌农业高新科技成果博览会、"双品网购节"等展会活动。鼓励兴化香葱等入选《中欧地理标志协定》的产品参加国际展示展销会，拓展海外市场，加快"走出去"步伐。组织报送第二批《中欧地理标志协定》入选产品的技术规范。

浙江省：强化溯源管理，全省地理标志产品追溯上链企业超千家

夯实地理标志保护制度。积极推动省人大将"地理标志保护与运用"纳入《浙江省知识产权保护和促进条例》，成为全国首部对地理标志地位作用进行立法的地

方性法规。在全国率先设立浙江省知识产权奖，并单设地理标志奖。浙江省知识产权局牵头会同 6 部门制定出台《浙江省推进地理标志富农集成改革工作方案》及 21 条改革具体举措。

健全地理标志工作体系。浙江省围绕地理标志产品的特定质量、信誉以及该地理标志所标示地区的自然因素和人文因素，实施地理标志产品质量溯源管理。落实地理标志权利人、专用标志使用人主体责任，严格控制地理标志独特品质。指导各地积极运用"浙食链"等数字化系统，推动地理标志产品赋码管理。在全省 11 个地市全面开展产品溯源，上链企业累计达到 1273 家。

加大地理标志保护力度。2022 年先后部署开展"雷霆 1 号""西湖龙井保护专项行动""亮剑"等专项执法行动，加强地理标志保护，严厉打击地理标志侵权假冒行为。共查处各类违法案件 51 件，办结 47 件，罚没款 55.32 万元。联合公安部门查办"西湖龙井"系列案件 3 件。司法机关积极支持西湖龙井保护，西湖区法院专门成立了西湖龙井共享法庭。李某某等人假冒"西湖龙井"注册商标案入选浙江省检察院保护知识产权典型案例。

强化地理标志专用标志使用监督管理。2022 年，全省各地积极开展地理标志专用标志主动监测和调查处理。杭州对 6 大茶叶专业市场、地理标志专卖店和 12 个重点电子商务平台进行了全覆盖检查，立案 26 起，罚没 23 万元。宁波累计出动检查 632 人次，检查"专用标志"合法使用企业 148 家，检查市场数 87 个，检查电商平台 141 个，检查大型商超 118 个，发现问题 10 个，责令整改 6 个，立案 2 件。绍兴开展地理标志保护行动 4 次，累计出动基层所检查人员百余人次，对辖区内黄酒、茶叶、花生、香榧等相关经营户进行抽查和摸排，查处侵犯"西湖龙井"地理标志证明商标案件 1 起。

强化保护宣传。全省各级开展地理标志保护培训 80 余场次，参训人员 3100 余人次。组织开展地理标志知识产权行政执法、司法保护等各类专题保护培训 86 余场次，参训人员 1400 余人次，有效提高保护人员专业化水平。同时通过举办培训会、公益讲座等活动，向群众宣传地理标志相关法律法规和政策，积极营造全社会参与地理标志申报、使用、保护、维权氛围。

加强合作共赢。组织西湖龙井、安吉白茶、羊岩勾青茶等地理标志产品参加第 11 届四川国际茶博会等展会活动，借助各类平台扩大浙江地理标志产品知晓度和品牌影响力。指导和帮助地理标志产品积极"走出去"，开拓海外市场，缙云烧饼远销西班牙、加拿大等 16 国，仙居杨梅顺利出口荷兰、澳大利亚、阿联酋等国家。

安徽省：率先探索开展地理标志领域信用监管试点

夯实地理标志保护制度。印发《安徽省"十四五"地理标志保护工程实施方案的通知》，对地理标志工作进行规划规范，为地理标志工作持续健康发展提供了基本遵循和政策支持。

健全地理标志工作体系。按照"历史有渊源、现代有传承、产品有特色、政府有规划、生产有规模、品牌有影响、市场有前景"的思路，大力开展地理标志资源挖掘和培育申报工作。近年来，安徽省共申报地理标志产品保护 29 个，获批 5 个，受理 7 个，建立了多达 260 余件的地理标志资源库，形成了良好的地理标志保护梯次。畅通地理标志技术标准制修订"绿色通道"，新增地方标准 5 个、团体标准 28 个；支持霍山石斛等 9 个产品建设专有检测机构；加强事中事后监管，抽检地理标志产品 26 批次、用标企业 272 家，合格率达 94.5%，整改率达 100%。探索开展地理标志领域信用监管试点工作，印发《关于确定地理标志领域以信用为基础的分级分类监管试点单位的通知》，在黄山、六安、安庆率先开展地理标志产品生产、地理标志专用标志使用知识产权信用监管试点。

加大地理标志保护力度。建立包括 39 个茶叶品种、779 家用标企业的春茶地理标志保护名录。在 11 个地理标志产品上推行溯源管理系统。近年来，全省专项行动共查处相关案件 46 起，罚没金额 48.6 万元。

强化地理标志专用标志使用监督管理。严把规程关、核验关、审查关、核准关、归档关、效率关。随着工作流程的熟悉和通过培训提升人员业务素质，目前县局初审核验、市局审查、省局审核的全流程时间最快已缩短至 7 天。2022 年核准用标企业 159 家。

强化保护宣传。依托"知识产权助力脱贫攻坚""知识产权竞争未来"主题采访活动，20 余家中央和地方主流媒体大力宣传地理标志兴农、专用标志富农。2022 年，安徽省知识产权局先后派出 16 批次人员，深入基层一线宣传改革试点工作的意义作用和推进的方法途径，共开展业务宣讲 5 次、工作咨询 22 次、技术服务 6 次，受众达 1000 余人次。

加强合作共赢。在 2021 年 3 月生效的《中欧地理标志协定》中，安徽省 3 个地理标志产品入选第一批中欧"100+100"地理标志互认名录；10 个产品入选第二批中欧"175+175"地理标志互认候选名录。安徽省牵头组织签订长三角地区《地理标志保护和运用合作协议书》及产品入驻中国（合肥）地理标志产品展示交易中心协议书，全省 16 个地市、长三角地区及全国优质地理标志 137 个产品首批进驻，地理标志联合保护行动正式启航。

福建省：建立健全标准体系和检验检测体系，强化地理标志产品质量管控

夯实地理标志保护制度。2022 年初，福建省顺利通过第一批地理标志专用标志使用核准改革试点验收，6 月，福建省获批延续开展改革试点，根据第二批试点改革目标和试点工作任务，省知识产权局印发《关于延续开展地理标志专用标志使用核准改革试点的通知》（闽知发〔2022〕22 号）和《关于延续开展地理标志专用标志使用核准改革试点推进计划的通知》（闽知发〔2022〕42 号）。

健全地理标志保护体系。南平设立福建省建盏（黑釉瓷）产品质量检验中心，节省了本地建盏产品的检测时间和费用，为建阳建盏产业健康发展提供强有力的技术支撑。福鼎编制全国首个白茶领域信用评价标准《福鼎白茶生产企业质量信用评价规范》，推进"福鼎白茶"无公害茶园建设，大力推广病虫害生态防控措施，开展强制性产品认证监督检查、检验检测机构监督检查，强化地理标志产品质量管控。

加大地理标志保护力度。打造地理标志保护高地。指导武夷山市做好国家地理标志产品保护示范区筹建验收工作，及时总结、提炼示范区建设经验；统筹推进已获批筹建的安溪铁观音、福鼎白茶国家地理标志产品保护示范区和国家地理标志产品保护示范区（福建云霄）建立健全质量基础体系、信用体系、协同监管体系、执法维权体系、宣传推介体系，打造区域地理标志保护样板。

强化地理标志专用标志使用监督管理。各地根据工作实际，制定"双随机、一公开"与专项检查相结合的工作方案，确保固定比例的地理标志列入重点检查清单。专项行动期间，全省市场监管系统共立案查处地理标志违法案件 72 件。组织全省执法保护业务培训，全方位提升全省商标系统执法水平与服务能力。

强化保护宣传。充分利用"4·26 世界知识产权日"和知识产权宣传周等重要

节点，综合多种宣传方式，普及地理标志等方面的法律法规及工作成效，切实提高广大群众对地理标志的保护意识。提升全省执法队伍水平。组织全省商标与地理标志行政执法业务培训，共130余人参加集中研学，全方位提升执法能力与服务水平。

加强合作共赢。持续深化跨地区地理标志行政保护协作，加强跨地区跨部门执法交流，推荐省内部分地理标志纳入泛珠三角区域知识产权行政保护协助第一批重点商标和地理标志保护名录。开展《中欧地理标志协定》第二批清单材料的准备工作，为省内地理标志走出国门奠定基础。

江西省：加强线上线下、区域内外协同监管执法

夯实地理标志保护制度。印发《江西省市场监管局关于进一步加强地理标志保护的实施意见》和《江西省"十四五"知识产权（专利、商标、地理标志）发展规划》，积极指导赣州、吉安、南昌、景德镇和鹰潭等地市出台地理标志产品保护工作实施方案。

健全地理标志工作体系。优化地理标志保护扶持引导政策，完善质量保证体系，健全技术标准体系，强化检验检测体系。开展地理标志与江西绿色生态融合，研制地理标志产品江西绿色生态标准，丰富完善地理标志产品标准体系。搭建地理标志溯源数据服务平台，用大数据和舆情监测作为监管手段，为行政执法提供技术手段和数据支撑。

加大地理标志保护力度。定期指导市县局联合当地相关执法监督部门，开展地理标志专项整治行动、地理标志执法检查，以生产集中地、销售集散地为重点，加强线上线下、区域内外协同监管执法，重点查处假冒侵权、标志标识使用不规范、非法印制标志标识等违法违规行为，规范市场秩序，营造良好的营商环境。

强化地理标志专用标志使用监督管理。建立地理标志专用标志使用台账，严格规范使用地理标志产品专用标志，不定期开展普查和清理。从地理标志产品的申请受理、审核批准、专用标志使用、换标要求等方面对地理标志进行宣贯。为推进国家地理标志产品保护示范区建设，指导遂川县和广昌县市场监督管理局对狗牯脑茶和广昌白莲进行了监督检查，并指导企业做好标志使用和管理工作，检查企业300余家。

强化保护宣传。指导各市县知识产权行政管理部门,结合工作实际,利用网络、宣传册以及现场咨询宣传台等形式开展了"进园区、进企业、进校园、进社区"等活动,大力开展地理标志保护知识和法律法规宣传。积极组织各市县知识产权行政主管部门参加全国及省内知识产权执法人员知识产权保护业务培训和研讨活动、地理标志保护工作培训班,加强地理标志保护人才队伍建设。

加强合作共赢。积极组织广昌白莲、会昌米粉、赣南茶油、泰和乌鸡、浮梁茶、信丰红瓜子、寻乌蜜桔 7 个地理标志保护产品完成中欧地理标志互认技术规范中英文版。

山东省:开展线上地理标志侵权线索智能监测,有效打击侵权违法行为

夯实地理标志保护制度。制定《山东省地理标志保护和运用"十四五"规划》《地理标志保护和运用"十四五"规划 2022—2023 年度推进计划》《山东省市场监督管理局关于进一步加强地理标志保护的实施意见》等一系列政策措施。牵头联合沿黄 8 省(区)签订《黄河生态经济带知识产权保护合作协议》,建立黄河生态经济带知识产权协同保护工作机制。联合山东省高级人民检察院制定印发《关于强化知识产权协同保护的实施意见》,推动行政执法标准和司法裁判标准统一,进一步完善知识产权行政执法和司法衔接机制。

健全地理标志工作体系。实施重点地理标志产业标准化建设工程,指导国家级、省级地理标志产品保护示范区承担单位建立以"国家标准、行业标准"为基础,以"地方标准、团体标准"为补充的产前、产中、产后全过程标准体系。指导国家、省级地理标志产品保护示范区完善地理标志检验检测服务网点建设,全面提升地理标志产品检测能力。指导国家级示范区建立完善地理标志产品产地溯源体系。

加大地理标志保护力度。联合 8 省(区)共同发布了沿黄 9 省(区)重点地理标志重点监管名录 285 条,相互移交地理标志案件线索 78 条,形成了跨区域知识产权保护一体化工作格局。印发《关于加强黄河生态经济带重点地理标志监管执法的通知》,指导各地聚焦重点地理标志监管名录产品,结合产品时令性特点开展具有针对性的跨区域、跨部门执法联合行动。

强化地理标志专用标志使用监督管理。印发全省市场监管系统地理标志专用标志使用行为"双随机、一公开"抽查工作实施方案。开展线上地理标志侵权线

索智能监测，2022年全省累计监测地理标志侵权线索数据2万余条，向全省16地市市场监管部门推送涉嫌侵权线索300余条，有效打击侵犯重点地理标志权益的侵权违法行为，实现线上线下同步发力，提升监管水平。

强化保护宣传。联合省电视台拍摄制作"临沭柳编"地理标志保护宣传片——《妙手编出好日子》，并获得"承百年创新精神，享知识产权成果——发现你身边的知识产权"作品征集活动三等奖和最佳人气奖。

加强合作共赢。积极履行知识产权保护国际条约义务，坚持中外地理标志权利人平等保护原则，严厉打击侵权违法行为，烟台市知识产权局查办的侵犯"BORDEAUX"商标案件，入选2021年度全国知识产权行政保护典型案例（地理标志类）。

河南省："龙口粉丝"名称近似案，入选2022年度地理标志行政保护典型案例

夯实地理标志保护制度。加强地理标志保护，统一和规范地理标志专用标志使用。结合省内工作实际，制定出台了《河南省市场监督管理局（知识产权局）关于保护地理标志专用标志奖补办法（试行）》和《河南省地理标志产品保护示范区建设管理办法（试行）》。

加大地理标志保护力度。开展整治规范茶叶市场秩序地理标志保护专项行动，办理地理标志领域行政执法案例3件，结案3件，涉案金额1.39万元，罚没金额2.08万元。河南省新乡市原阳县市场监督管理局查处使用与"龙口粉丝"地理标志产品名称近似名称案，入选2022年度地理标志行政保护典型案例。

强化地理标志专用标志使用监督管理。2022年，河南省成功获批国家知识产权局第二批地理标志专用标志使用核准改革试点省。新增地理标志专用标志企业83家。对获取地理标志专用标志使用权的企业，依法依规科学合理确定了抽查比例和频次、抽查方式、检查内容、检查流程等事项，实行了重点地理标志清单式监管。

强化保护宣传。贯彻落实习近平总书记视察南阳时的讲话精神，邀请相关专家学者分别在郑州、洛阳、新乡3地，对分管知识产权保护工作的相关负责人及企业管理人员就地理标志保护产品的申请及专用标志的使用监管进行了专题培训，培训800余人次，得到了基层和企业负责人的广泛赞誉。

湖北省：发展地理标志产业，加强地理标志海外推广

夯实地理标志保护制度。省委、省政府印发《关于加快推进知识产权强省建设的实施意见》，加快推进知识产权地方立法，《湖北省知识产权促进与保护条例》列入省人大立法项目计划。知识产权工作连续 3 年被纳入全省深化改革重点项目，连续 2 年纳入省委对地方党委政府重要工作考核范围。召开了推进品牌强省建设联席会议，16 个市州建立了知识产权战略联席会议制度，建立健全驰名商标、地理标志协同保护机制。

健全地理标志工作体系。指导地方加快推进地理标志地方标准、团体标准制修订，截至 2022 年 12 月，全省已制修订并发布实施 101 个省级地方标准、10 个市级地方标准、101 个团体标准、1 个行业标准。

加大地理标志保护力度。获批开展第二批地理标志专用标志使用核准改革试点，全省地理标志专用标志使用人达到 1781 家，比 2021 年增长 60%。英山云雾茶获批成立国家地理标志产品保护示范区，蕲艾、京山桥米、赤壁青砖茶和秭归脐橙获批筹建国家地理标志产品保护示范区，"洪湖莲藕"商标侵权案入选国家地理标志行政保护十大典型案例。

强化地理标志专用标志使用监督管理。依法推动将地理标志产品生产、地理标志专用标志使用纳入以知识产权信用为基础的"互联网+"监管体系之中。将专用标志使用监管列入"双随机、一公开"抽查检查计划，指导恩施州开展"恩施玉露""利川红"一红一绿地理标志专项整治行动，支持孝感市开展地理标志专用标志使用专项整治行动，推动专用标志合法合规使用。

强化保护宣传。持续举办第四届"湖北地理标志大会"和 2022 年"我喜爱的湖北品牌"电视大赛等活动，提升地理标志产品知名度、美誉度和影响力。开展地理标志助力乡村振兴行动，发布地理标志产业发展十大典型案例，成立湖北省商标品牌和地理标志研究院，推进湖北地理标志运营中心建设，建设地理标志线上展馆。

加强合作共赢。2022 年潜江龙虾主要出口荷兰、瑞典、马来西亚、日本等国家和地区，出口创汇 1.5 亿美元。

湖南省：创新搭建以"1+1+8+N"模式为基础的安化黑茶质量基础设施（NQI)"一站式"服务平台系统

夯实地理标志保护制度。制定出台《湖南省地理标志产品保护示范区建设管理办法（试行）》和《湖南省地理标志保护产品专用标志使用核准办法（试行）》，将地理标志保护纳入省政府绩效考核和知识产权真抓实干指标体系，相关举措先后纳入《湖南省关于强化知识产权保护的实施意见》《湖南省"十四五"知识产权事业发展规划》等政策文件。

健全地理标志工作体系。持续推进地理标志产品标准制定，2022年发布实施湖南省地方标准《地理标志保护指南》及地理标志产品专用标准9项。加强地理标志检验检测体系建设。指导省内有条件的地理标志产品产地建设专业化检验检测机构，为消费者提供权威、可靠的专业技术服务。以创建安化黑茶国家地理标志产品保护示范区为契机，创新搭建以"1+1+8+N"模式为基础的安化黑茶质量基础设施（NQI）"一站式"服务平台系统，即开发设计1个信息化的线上服务平台，设立1个线下服务窗口，为企业提供8项基础质量综合服务，整合安化黑茶国家地理标志产品保护示范区领导小组成员单位职能，统筹奖励补贴、招商引资、宣传推广、茶旅融合等政策资源，为企业提供N项其他服务，探索打造全产业链条、全经营周期综合服务平台，推动安化黑茶产业高质量发展。

加大地理标志保护力度。持续推进"双打"工作，充分发挥综合行政执法优势，深入开展地理标志保护专项行动。益阳市安化县开展知识产权执法"铁拳"行动暨保护安化黑茶专项行动,2022年共办理黑茶案件15件,处罚金额共计38.9万元。浏阳市积极开展跨区域知识产权保护协作，制止区域外假冒浏阳花炮等地理标志的行为，与醴陵市，江西省上栗县、万载县签订了《浏阳醴陵上栗万载四县市知识产权行政保护协作协议书》。郴州市与广东韶关市、江西赣州市签订《粤湘赣"红三角"知识产权跨区域保护合作框架协议》，交换地理标志产品用标企业名单，联合实施保护。组织开展"永兴冰糖橙专项整治行动"，共出动执法人员78人次，检查相关市场主体56户次。

强化地理标志专用标志使用监督管理。对"湖南省地理标志信息查询系统"进行升级改造，实现对全省地理标志专用标志信息及使用企业的动态监管。将地理标志专用标志使用纳入"双随机、一公开"工作,对地理标志专用标志使用企业的使用情况进行常态化监管。积极引导各市州制定出台本地地理标志专用标志管理办法,对标志的申请、印刷、发放、使用进行登记备案,建立地理标志专用标志监管台账。2022年全省新增地理标志专用标志使用企业535家,地理标志使用率超过50%,地理标志保护地域范围达到111个县市,基本实现地理标志县市全覆盖。

强化保护宣传。组织企业参加中国商标节和中外地理标志产品博览会,通过电视、网络、平面媒体等全方位宣传,充分利用"3·15""4·26"等重要宣传节点开展地理标志等相关法律法规普法宣传活动。举办地理标志业务培训班,为基层培养了一批地理标志工作业务骨干;举办地理标志专题沙龙,通过专家、政府和企业面对面的方式就地理标志保护中的难点热点问题进行探讨交流。

加强合作共赢。积极推动"湘品出湘""湘品出境",安化黑茶等7个地理标志纳入中欧地理标志互认互保清单。全力配合长沙海关出台了推动安化黑茶出口的15条措施,打造全省黑茶出口"快速通道"。

广东省:出台我国首部综合性地理标志地方性法规《广东省地理标志条例》

夯实地理标志保护制度。广东省知识产权局组织起草《广东省地理标志条例》,该条例于2022年11月30日通过省人大常委会审议,并于2023年1月1日起施行。该条例是我国首部综合性地理标志地方性法规,夯实了广东省地理标志保护基础,为高质量发展地理标志提供了法律支撑。

健全地理标志工作体系。全省现行有效地理标志国家标准、地方标准、行业标准、团体标准210项,其中2022年度新增25项。江门、潮州市成立新会柑、凤凰单丛(枞)茶种质资源保护繁育中心,统一种苗培育标准和种植标准。全面加强地理标志质量控制体系建设。江门、珠海等地市支持和鼓励专用标志合法使用人应用过程控制、产品溯源等先进管理方法和工具,加快建立数字化、网络化、智能化的地理标志特色质量保证体系。

加大地理标志保护力度。2022年在全省范围内开展茶叶类地理标志保护专项行动。韶关、潮州等地市积极开展跨地区知识产权保护,与湖南、江西、福建等临近省有关地市签订协同保护合作协议,开展跨区域地理标志保护合作。中山市在淘宝、天猫、京东、拼多多 4 个平台共监测地理标志产品数据 1322 条，移送涉嫌假冒使用地理标志产品名称线索至属地知识产权部门和相关电商平台处理。

强化地理标志专用标志使用监督管理。2022 年，将地理标志专用标志合法使用人用标情况纳入市场"双随机、一公开"监管范围，设定专用标志合法使用人使用专用标志情况抽查比例为 10%，建立健全常态化监管机制。珠海市斗门区组织地理标志专用标志使用专项检查 5 次，实现了专用标志合法使用人全覆盖，并对部分白蕉海鲈经营者进行了抽查，对 3 家涉嫌在产品上伪造地理标志或未经核准擅自使用地理标志图标等企业进行了立案查处，罚没 1.2 万元。

强化保护宣传。将地理标志保护纳入知识产权联席会议和全省知识产权保护能力提升培训活动内容，多层次全方位提高管理人员地理标志保护能力。江门举办岭南中药材地理标志产品新会陈皮国际保护和国际市场拓展培训班，推动新会陈皮走出去。

加强合作共赢。组织化橘红、英德红茶、凤凰单丛（枞）茶等一批省内知名地理标志产品用标企业参加北京 2022 年中国国际服务贸易交易会、陕西第 29 届中国杨凌农业高新科技成果博览会、苏州第十一届中国知识产权年会等，支持企业拓展海内外市场，提升广东地理标志的影响力。

广西壮族自治区：加强地理标志文旅宣传，搭建地理标志专区电商销售平台

夯实地理标志保护制度。出台《推动广西地理标志产业高质量发展助力乡村振兴若干措施》。

健全地理标志工作体系。组织研制特色产业地方标准，增加标准的有效供给，下达罗汉果、沃柑、六堡茶等特色产业地方标准立项项目计划 70 项，发布荔枝等特色产业广西地方标准 47 项，涉及培育、养殖、生产、加工、质量管理等产业链各个环节。

加大地理标志保护力度。采用"双随机、一公开"的方式，联合市场监管综合执法部门，对全自治区以地理标志注册证明商标的使用人进行全覆盖检查，规范商标和专用标志使用行为。重点对梧州龟苓膏、六堡茶、横县茉莉花茶、武鸣沃柑、西山茶等地理标志依法检查用标主体、产品产地以及产品质量标准是否合规。对自治区内 11 个地理标志保护产品的 121 家获得专用标志授权企业进行抽检，确

保产品质量品质"不走样"。发布查处侵犯"融安金桔"证明商标专用权典型案例。

强化地理标志专用标志使用监督管理。指导百色市出台了《百色市地理标志专用标志使用管理规定》。完成区域内经营主体用标申请审核。对自治区内 121 家获得专用标志授权企业进行抽检，抽查比例 31.84%，合格率 92.4%，针对采样品种与检测标准差异导致单果重不达标等主要问题责令整改。

强化保护宣传。开展"壮美广西——广西品牌天下行"地铁宣传展示活动。4 月至 5 月间，在南宁地铁 1 号线列车车厢内集中展示了"六堡茶""柳州螺蛳粉""百色芒果"等 65 个广西"明星"地理标志。举办"双品网购节"数商兴农专场活动。搭建电商促销平台，组织自治区内 19 个地理标志与 17 个国内著名电商平台通过开设专区、直播带货、团购等方式建立合作关系，为广西地理标志拓展销路。

加强合作共赢。推动《中欧地理标志协定》第二批清单产品受理公示准备工作落实。按照国家知识产权局要求，组织各地报送《中欧地理标志协定》第二批清单地理标志产品质量技术规范中英文对照材料并审核指导。

海南省：聚焦重点地理标志产品类型，开展专项整治，有效打击地理标志侵权违法行为

夯实地理标志保护制度。统筹谋划高位推进，制定印发《海南省知识产权综合保护三年行动方案》，成立工作领导小组，推进建立适应海南自由贸易港建设的知识产权创造、保护、运用、管理和服务综合体系，落实地理标志保护重点工作。

健全地理标志工作体系。截至 2022 年底，全省现行有效地理标志国家标准、地方标准、行业标准、团体标准共 80 项，其中 2022 年新增 29 项。海口市、澄迈县等地加强指导，支持和鼓励专用标志使用市场主体抓好质量品控、产品溯源等先进管理方法和工具，加快建立"桥头地瓜""海口火山荔枝"等地理标志保护产品的数字化、网络化、智能化质量建设体系。

加大地理标志保护力度。2022 年先后组织开展民生领域"铁拳"、知识产权代理领域"蓝天"等专项整治工作。印发《关于开展 2022 年地理标志保护专项行动的通知》，重点针对荔枝、粽子、地瓜等季节性地理标志产品，对辖区内重点区域进行排查，进一步规范地理标志专用标志使用，打击地理标志侵权违法行为，共查处地理标志案件 1 宗，罚没款 3000 元。

强化地理标志专用标志使用监督管理。开展对以地理标志注册的集体商标、证明商标使用行为的"双随机、一公开"抽查。共抽查 16 家单位，其中 15 家合格。

强化保护宣传。结合"4·26"知识产权宣传周等重要节点，开展地理标志宣传 13 次，高校园区知识产权竞赛 1 场，新闻发布会 1 场，营造了浓厚的保护氛围。全省各部门参加知识产权强省建设业务能力提升培训班、开展知识产权保护业务培训，提升地理标志行政保护工作能力，共 210 名知识产权行政执法人员参加培训。

加强合作共赢。统筹谋划高位推进，以省级文件安排部署知识产权保护工作，制定印发《海南省知识产权综合保护三年行动方案》，成立工作领导小组，统筹推进建立适应海南自由贸易港建设的知识产权创造、保护、运用、管理和服务综合体系。充分发挥省知识产权综合保护行动领导小组的协作机制，通过召开知识产权专题会、工作协调会，督促各职能部门贯彻落实地理标志保护重点工作。

重庆市：强化川渝地理标志联合保护，发布重点保护名录

夯实地理标志保护制度。建立市农业农村委、市商务委、市市场监管局协同联动机制，打造商标地理标志品牌建设体系。重庆市知识产权局会同市财政局对运用成效突出的地理标志权利人予以支持。同时，指导有条件的区县结合本地实际，出台了支持地理标志发展的一系列政策措施和支持举措。

健全地理标志工作体系。健全地理标志技术标准体系，制定出台《重庆地理标志发展促进会团体标准管理办法》，为全市地理标志团体标准研制和发布搭建专业平台。加强地理标志技术标准研究，推动全市制定修改地理标志相关标准超过 70 件，地理标志产业向"高品质、高标准、高体验"迈进。

加大地理标志保护力度。围绕农产品、地理标志商标等重点领域，开展保护地理标志专项整治行动。加大川渝知识产权地理标志保护重点保护名录库产品联合保护，联合发布 60 个优质地理标志重点保护名录。近年来，全系统依法查处知识产权侵权违法案件 1011 件，案值 2726 万元。

强化地理标志专用标志使用监督管理。完善地理标志专用标志使用管理制度，规范地理标志专用标志使用，加强行政指导和政策引导。采用"双随机、一公开"与专项检查相结合的方式，实行重点地理标志清单式监管，严格监督和查处地理

标志专用标志使用人未按管理规范或集体商标、证明商标使用管理规则组织生产的违法违规行为。

强化保护宣传。组织地理标志产品参加中华品牌商标博览会、"知识产权服务万里行"活动等重大节会活动共7次。举办"巫山脆李""巫山恋橙"短视频大赛、地标优品直播等系列活动。知识产权宣传周期间，全市累计开展知识产权宣传活动190余项。

加强合作共赢。组织重庆涪陵榨菜、奉节脐橙、荣昌陶器、永川秀芽等知名地理标志产品用标企业参加中华品牌商标博览会，共计百余款展品亮相重庆地理标志产品展厅。组织彭水紫苏油、合川桃片、缙云山甜茶等地理标志产品参展第十届中国知识产权年会，支持企业拓展海内外市场，提升地理标志的影响力。

四川省：推出"前端预警、中端分级、后端联惩"四川模式，开展企业信用监管

夯实地理标志保护制度。扎实开展《四川省知识产权保护和促进条例》立法工作，强化政府在知识产权保护和促进方面的职责，加强具有四川特色领域的知识产权保护。把握强化核准改革试点制度建设这一主线，制定下发《四川省市场监督管理局地理标志专用标志使用核准内部审查工作规程（2022年版）》和《关于持续深化第一批地理标志专用标志使用核准改革试点工作的通知》，为推进制度保障改革试点工作保驾护航。

健全地理标志工作体系。开展全省地理标志运用情况排查，对没有使用地理标志专用标志、用标量较低、标准被废止等情况的100多个市、县、区政府，逐一发函"推进地理标志运用和保护工作建议书"，明确政府主体责任，推动地理标志产品地方标准制定。

加大地理标志保护力度。与重庆市知识产权局共同拟定2022年川渝知识产权合作重点工作任务，对双方2批次近100个优势地理标志，持续深入开展联合保护，及时交换和共享信息，共同推进川渝地理标志发展和保护。积极参与沿黄9省（区）知识产权合作、12省市知识产权合作和第十六届泛珠三角区域知识产权保护合作，将地理标志保护作为重点内容加入合作备忘录。开展2022年秋冬季地理标志保护专项行动，重点围绕川粮油、川猪、川酒、川果、川茶等农业

"10+3"产业中的地理标志及中欧互认互保地理标志，共查处案件 29 件，案值约 150 万元，罚没金额约 24 万元。

强化地理标志专用标志使用监督管理。制定《四川省知识产权领域信用信息共享使用目录（2021 试行版）》和知识产权领域信用分级分类监管相关文件用于内部分类监管，探索"前端预警、中端分级、后端联惩"的信用监管"四川模式"，坚持"被列入经营异常名录或近三年被市场监管部门行政处罚的市场主体，不得申请使用专用标志"的审查原则，从源头确保用标企业的高质量、高品质、高信誉。委托省产品质量监督检验检测院对 12 个地区获公告批准的 40 个地理标志 100 批次产品，开展质量监督抽查；开展 2022 年度地理标志用标企业"双随机"定向抽查，对地理标志专用标志用标企业按 30% 的比例进行抽查。

强化保护宣传。邀请商务厅、农业农村厅、成都海关、相关市场监管局及 11 个生产地理标志产品的企业（协会），在成都召开了四川中欧地理标志发展和保护座谈会；组织举办了全省市场监管系统知识产权行政保护和能力提升培训班，对 21 个市州 160 名商标监管执法业务骨干，从商标监管和地理标志保护与发展等方面开展业务培训，提升基层干部商标监管和地理标志工作的理论水平。

加强合作共赢。组织通川灯影牛肉、万源旧院黑鸡蛋、红原牦牛奶等地理标志产品参加北京 2022 年中国国际服务贸易交易会、粤港澳大湾区知识产权交易博览会暨国际地理标志产品交易博览会等展会，积极推动地理标志走出四川融入国际，提升四川地理标志产品的知名度、盛誉度、美誉度和市场占有度。

贵州省：实现地理标志用标申报全程网上流转，提升工作效率

夯实地理标志保护制度。出台《贵州省市场监管局地理标志保护产品专用标志使用核准改革试点工作办法》，并配套制定《贵州省地理标志保护产品专用标志使用核准改革试点文书格式范本》，压实各方职责，明确办理时限，压缩实地核查和资料审查周期，专用标志使用申请及变更申请自受理之日起 30 个工作日内即可完成用标核准和发布公告。各地陆续出台相应的保护措施。

健全地理标志工作体系。将地理标志产品专项抽查列入"双随机、一公开"抽查事项，加强监管，保证地理标志产品特色质量。指导各地逐步完善地理标志保护标准体系、检验检测体系和质量保证体系。

加大地理标志保护力度。印发《贵州省市场监管局关于开展2022年度地理标志产品专项监督检查工作的通知》，对凤冈富锌富硒茶、金沙回沙酒等15个地理标志产品使用专用标志的41家生产企业进行抽查，并将抽查结果进行通报。全省查处地理标志类案件9起，结案9起，涉案金额44.22万元，罚没金额6.64万元。

强化地理标志专用标志使用监督管理。通过贵州省地理标志保护产品专用标志申报系统，完善相关申报文书和流程，专用标志使用审批可实现全过程网上流转。进一步简化审核流程，压缩核准时间，更好地为基层和企业提供高效便捷的服务。

强化保护宣传。一是下发《贵州省知识产权局关于举办2022年度全省知识产权保护能力提升培训班的通知》，全省知识产权管理人员、执法人员141人参加了培训。二是省局积极支持各市州开展业务培训，派员前往毕节、安顺、铜仁、黔南等地授课。三是深入遵义市、黔东南州、安顺市等地实地调研指导地理标志产品保护、示范区创建等工作。

加强合作共赢。积极准备第十六届泛珠三角区域知识产权保护合作会议有关工作，筛选出贵州省部分地理标志入选泛珠三角区域第一批重点商标和地理标志保护名录。进一步完善贵州省"中欧100+100"互保互认清单中的15家企业相关资料信息报送国家知识产权局。

云南省：规划省、市、县三级联动审核工作流程，切实提升服务质量

夯实地理标志保护制度。积极配合国家知识产权局开展相关立法调研。草拟完成《云南省地理标志保护示范区建设管理办法》。

健全地理标志工作体系。共制定地理标志国家标准5项、地方标准40项，基本形成以国家标准和地方标准为主体、行业标准和团体标准为补充的地理标志标准体系。加快构建政府监管、行业管理、企业自律的质量保证体系，建立云南省地理标志产品保护信息库、地理标志产品专用标志使用企业名录库，全省用标企业入库管理，通过运用大数据、区块链、电子围栏等技术，实现入库产品来源可查、去向可追、责任可究。

加大地理标志保护力度。着力强化系统内的协调与联动，加强与质量、标准、认证等工作协作，加大对擅自使用地理标志专用标志、侵犯以地理标志注册商标

专用权等违法行为的打击力度。2022年，开展地理标志"双随机"检查，从地理标志专用标志使用和地理标志产品标准落实两个方向开展专项抽查，共抽查274户地理标志经营主体，极大促进了地理标志产品专用标志规范使用。

强化地理标志专用标志使用监督管理。推进地理标志专用标志使用核准试点工作，建立省、市、县三级联动、分工负责的审核工作流程。形成业务规范，实现快审快核、及时公告目标，有效提高审核效率和服务质量。采用日常监督和专项检查相结合的工作模式，落实各级监管职责和地理标志专用标志经营主体信用信息归集，进一步推动专用标志使用监管。

强化保护宣传工作。2022年知识产权宣传周期间，印发宣传海报5000份，加强地理标志保护产品专用标志使用宣传推广。联合云南省高级人民法院举办全省知识产权行政执法与司法保护培训班，邀请专家围绕地理标志保护和运用开展专题授课，进一步夯实地理标志保护人才基础。

加强合作共赢。印发《2022第六届中国—南亚博览会暨第26届中国昆明进出口商品交易会知识产权保护工作方案》，在第六届中国—南亚博览会期间举办以地理标志注册的证明商标及地理标志产品在欧盟运用专题论坛。

西藏自治区：丰富手段开展地理标志宣传工作，累计阅读量上百万

夯实地理标志保护制度。先后研究制定出台了《西藏自治区贯彻〈知识产权强国建设纲要（2021—2035年）〉的实施意见》《西藏自治区"十四五"知识产权保护和运用规划》等政策文件，对地理标志保护提出明确要求。

健全地理标志工作体系。指导国家地理标志产品保护示范区承担单位建立符合当地实际的保护示范发展模式，完善示范区管理体系，不断提升地理标志产品的质量和特色，充分发挥地理标志产品保护示范区建设的引领作用和品牌效应。

加大地理标志保护力度。规范全自治区地理标志专用标志使用行为，高效打击地理标志侵权违法行为，提升全社会地理标志保护意识。开展地理标志监督抽查行动，并公开自治区内获保护地理标志产品目录。

强化地理标志专用标志使用监督管理。加强西藏自治区获保护地理标志产品监管，推进地理标志专用标志的使用，助力乡村振兴战略实施，推动高原特色产

业高质量发展，2022年对全自治区获保护的36个地理标志保护产品中的12个产品26个样品进行了抽样检测，帮扶抽查合格的地理标志产品向国家知识产权局申请使用专用标志。

强化保护宣传。依托"4·26"知识产权宣传周等重要活动节点，在西藏电视台黄金时段、珠峰云上滚动播放《西藏自治区地理标志宣传片》《保护知识产权就是保护创新》等专题宣传片。借助西藏新闻网、中国西藏之声网、快搜西藏网等11家新闻网站和新媒体平台，以图文和音视频的丰富形式，对西藏自治区知识产权地理标志发展状况进行宣传，累计阅读量达到了200万次以上。

加强合作共赢。组织使用专用标志地理标志产品参加"中国品牌日""中国西藏旅游文化国际博览会"等自治区内外各类展会进行宣传推介，部分地市设立地理标志展示厅对地理标志产品和地理标志证明商标进行集中展示。

陕西省：发挥知识产权保护中心作用，全面加强地理标志保护力度

夯实地理标志保护制度和基础。制定《地理标志保护产品专用标志使用企业清查行动方案》，各地根据方案部署在年底对地理标志产品专用标志使用企业情况进行抽查，全面规范以地理标志注册的证明商标许可使用行为。推进地理标志保护资源管理信息化建设，建立完善地理标志保护资源数据库和电子化应用平台。

健全地理标志工作体系。推动原产地政府加强应用标准、检验检测、认证等质量基础设施建设，构建政府监管、行业管理、生产者自律的质量保证体系。鼓励综合运用大数据、区块链、电子围栏等技术，建立来源可查、去向可追、责任可究的地理标志溯源机制。

加大地理标志保护力度。发挥知识产权保护中心作用，对接各类知识产权快速协同保护、维权援助公共服务平台，结合纠纷多元解决、诚信体系建设等工作，加强地理标志维权援助。市场监督管理部门执法队伍不断加强沟通协调，畅通投诉举报渠道，各地市开展联合执法行动，不断加大对地理标志专用标志使用的保护力度。

强化地理标志专用标志使用监督管理。建设"一中心"+"多窗口"的地理标志专用标志使用核准受理模式，在地理标志检测中心、商标受理窗口建立地理标志专用标志使用核准受理窗口，优化一站式申报流程。加强审查认定人员能力建设，

打造高水平的专业人才队伍。强化专业技术培训工作，提升审查人才队伍业务能力，打造全省专业化的审查人才队伍。继续完善地理标志审查专家库，提升地理标志技术审查专业化水平。

强化保护宣传。建设陕西国家地理标志展示大厅，收纳全省所有的地理标志产品进行集中展示，通过展示提升地理标志产品信誉度与知名度，激发地理标志产品市场活力。举办线上线下相结合的展会活动。与国家知识产权局新闻宣传中心、《中国知识产权报》、《陕西日报》等媒体和相关专家共同开展"陕西地理标志三秦行"采访和调研活动，先后对榆林、延安等地地理标志产品进行了深度采访报道和现场调研，在扩大影响、加强培育、促进管理、强化保护等方面起到了积极作用。

加强合作共赢。加大地理标志专用标志使用违法行为打击力度。市场监督管理部门执法队伍不断加强沟通协调，畅通投诉举报渠道，各地市对《地理标志专用标志使用管理办法（试行）》第十条规定的违法使用地理标志专用标志行为，依据《中华人民共和国产品质量法》等法律法规不同程度开展了联合执法行动，不断加大对地理标志专用标志使用的保护力度。

甘肃省：面向公众提供地理标志"一站式"信息服务

夯实地理标志保护制度。印发《甘肃省关于进一步加强地理标志保护运用的指导意见》和《甘肃省地理标志专用标志使用核准试点工作办法》，全面提升甘肃省地理标志的保护和运用水平，加强专用标志使用推广和监管。

健全地理标志工作体系。探索建立地理标志保护资源监督管理数据发布机制，依托甘肃省知识产权综合服务平台，积极推动专用标志申请等平台数据共享、互联互通，推动面向公众的地理标志"一站式"信息服务。选定有 CMA 认证资质的地理标志检验机构，积极为企业提供检测机构资质查询服务，方便专用标志使用申请企业就近检测。

加大地理标志保护力度。结合地理标志产品的区域性、季节性等特点，开展"地理标志春季、秋季保护专项行动"，重点治理假冒侵权、非法印制等违法行为，同时，健全"双随机、一公开"监管机制，促进商标、地理标志市场规范、健康、有序发展。

强化地理标志专用标志使用监督管理。积极推进专用标志线上申请、审核改革先行先试，营造优越的服务平台环境和氛围，形成可复制可推广的经验。进一步加强地理标志专用标志使用监督抽查，采取与专项整治相结合的方式推进专用标志使用监管，定期在省知识产权局官网上更新全省地理标志产品、商标及用标企业信息数据库，初步实现了"互联网＋地理标志监管"。

强化保护宣传。依托《中国知识产权报》、"央广网"、"中国质量新闻网"和"中国甘肃网"、"甘肃省市场监督管理局官网"、"甘肃地理标志信息服务网"、"甘肃地理标志微信公众号"等中央和地方主流媒体大力宣传甘肃省地理标志保护产品专用标志使用核准改革试点的良好效果，刊载相关信息和报道20余篇。

加强合作共赢。建立甘肃省地理标志专家库，邀请省内外精通地理标志地方标准、质量检验检测、知识产权法律法规等方面专家入库，加强学习交流，为地理标志专用标志保护人才培养提供有力保障。

青海省：创新产品推介展示模式，扩大地理标志影响力

夯实地理标志保护制度。按照习近平总书记提出的"加快建设世界级盐湖产业基地，打造国家清洁能源产业高地、国际生态旅游目的地、绿色有机农畜产品输出地"指示要求，以服务产业"四地"建设为主题，牵头制定《严标准育品牌优环境提质量服务"四地"建设工作方案》并以省政府办公厅名义印发实施。从标准、品牌、环境、质量4个方面提出27条具体举措，深入推动"十四五"期间全省标准体系建设，强化地理标志保护，提升产品品质，不断优化营商环境，支持做大做强做优地理标志特色产业。

健全地理标志工作体系。积极建立地理标志保护标准体系，梳理地理标志国家标准1项，地方标准14项，对2项地理标志地方标准进行修订立项，进一步优化标准体系结构。

加大地理标志保护力度。会同省知识产权局制定《打击商标侵权和假冒专利行为 规范商标地理标志使用及专利标识标注专项行动实施方案》，有序指导各市州市场监管局开展专项行动，规范地理标志专用标志使用，营造公平有序竞争环境。参与沿黄河九省区地理标志联合保护，省内34家地理标志用标企业列入联合保护名录。

强化地理标志专用标志使用监督管理。将地理标志专用标志纳入2022年青海省商标领域"双随机、一公开"抽查工作，按照5%的比例对全省用标企业进行

抽取，共抽取 5 家用标企业开展用标检查工作，检查中未发现问题，并将检查结果录入公示系统。

强化保护宣传。利用西平高速公路机场段标志牌，连续开展地理标志公益宣传；协同省商务厅开展 2022 年"双品网购节"活动，通过线上销售平台优先推广省内地理标志产品，实现销售金额 598.5 万元。举办了全省地理标志监管执法务实培训，提升系统内各级管理机构和指导站负责人专业化服务的能力水平。

加强合作共赢。2022 年，签署甘青两省《2022 年加强知识产权保护运用工作合作备忘录》，联合发布两省第二批地理标志名录，建立专家智囊库，线上召开联席会、座谈会，总结成效、查找短板、确定新的目标任务。

宁夏回族自治区：建立地理标志联动保护工作机制，激发共建共治共享新动能

夯实地理标志保护制度。先后印发了《宁夏回族自治区知识产权强区建设纲要（2021—2035 年）》《宁夏回族自治区知识产权保护和运用"十四五"规划》等政策文件，对行业高质量发展具有指导意义。

健全地理标志工作体系。一是各市知识产权局加强与农业、林业、乡村振兴、发展改革、财政、商务、文化旅游等多部门工作协调，推动政策协同、业务联动和信息共享。二是各地健全诉调对接工作机制，充分发挥法检两院化解知识产权纠纷的作用。三是健全政府部门与地理标志行业协会、龙头企业等各类经营主体间的有效联动机制，形成行业协作合力。

加大地理标志保护力度。在全自治区范围内开展"盐池滩羊""彭杨红梅杏"专项保护行动和涉"枸杞"地理标志知识产权保护线上线下一体专项行动，充分发挥市场监管综合执法优势，加强地理标志保护执法工作，与相关部门联合执法，严查冒用、滥用地理标志等违法行为。共检查各类经营主体 3000 余户（次），现场整改违规使用"盐池滩羊""宁夏枸杞"地理标志专用标志经营户 71 家，指导规范线上、线下枸杞经营户 35 家，立案 7 起，罚没款 2.6 万元。

强化地理标志专用标志使用监督管理。开展日常监管、地理标志保护专项行动以及知识产权"双随机、一公开"抽查等工作，对地理标志产品进行抽样送检、定期检查、重点查处等，加大对地理标志专用标志的保护力度，及时纠正违规行为，

惩处违法行为。通过舆情监测、投诉举报等渠道，加强地理标志专用标志使用监管，不定期对企业产品包装上是否正确规范使用地理标志专用标志进行检查。

强化保护宣传。结合"3·15 国际消费者权益日"、"4·26"知识产权宣传周等活动契机，组织现场咨询和知识竞赛等活动，普及地理标志基础知识，宣传地理标志社会、经济和生态效益，形成群众关注、企业参与的良好氛围。同时对基层知识产权工作人员和地理标志产品生产企业开展线上线下培训，对企业地理标志使用进行指导，累计组织开展培训 20 场 / 次，培训人数达 1000 余人。

加强合作共赢。组织企业参与第二届中国 (宁夏) 国际葡萄酒文化旅游博览会、第五届枸杞产业博览会等展会，鼓励企业走出去，参与国内外各类葡萄酒展销会、推介会、评奖会及品鉴等活动，重点对产区自然特点、产品特征、文化内涵等进行宣传，助力宁夏地标"提名气"，提高自主品牌影响力和知晓度。

新疆维吾尔自治区：持续挖掘优势特色资源，扩大地理标志影响力

夯实地理标志保护制度。印发《全疆市场监管（知识产权）系统落实〈2022年全国知识产权行政保护工作方案〉的实施方案》《新疆维吾尔自治区贯彻知识产权强国建设纲要实施意见和"十四五"规划 2022 年推进计划》《国家知识产权局　新疆维吾尔自治区人民政府共建丝绸之路经济带知识产权强区实施方案》和《新疆地理标志助力乡村振兴行动方案》等文件，对自治区地理标志工作作出部署安排。

健全地理标志工作体系。加快地理标志标准引领作用，以标准促运用，鼓励企业积极申报使用地理标志专用标志，针对地理标志运用建立《地理标志专用标志使用管理规范》，保障地理标志产品质量和品质。

加大地理标志保护力度。与西北五省区市、新疆生产建设兵团建立知识产权保护协作机制，共同推进地理标志等知识产权的联合保护。同时，加强地理标志与发展改革、财政、商务、农业、林业、文化旅游等部门的工作协调，实现业务联动和信息共享。持续挖掘优势特色资源，加强地理标志品牌培育指导，扩大地理标志用标企业规模，显著提高地理标志产品知名度和市场竞争力。

强化地理标志专用标志使用监督管理。结合"双随机、一公开"执法检查工作，安排部署有关市场监管部门，对核准使用地理标志专用标志情况进行抽查检查，规范企业用标行为。

强化保护宣传。以"4·26世界知识产权日"、知识产权宣传周、"5·10中国品牌日"等活动为载体，普及地理标志基础知识，宣传地理标志社会、经济和生态效益，增强社会认知，提高社会意识，激发市场主体运用地理标志参与市场竞争的积极性和主动性。

加强合作共赢。加强与发展改革、财政、商务、农业、林业、文化旅游等部门的工作协调，实现业务联动和信息共享。支持各地（州、市）围绕地理标志出台专项扶持奖励政策措施，鼓励培育以地理标志龙头企业为主的新型联合经营主体。

第六章　地理标志保护机构

6.1　国家知识产权局

根据党的十九届三中全会审议通过的《中共中央关于深化党和国家机构改革的决定》《深化党和国家机构改革方案》和第十三届全国人民代表大会第一次会议批准的《国务院机构改革方案》，重新组建国家知识产权局，将国家知识产权局职责、原国家工商行政管理总局的商标管理职责、原国家质量监督检验检疫总局的原产地地理标志管理职责整合，实现了原产地地理标志的集中统一管理，解决了知识产权管理多头分散的问题。国家知识产权局负责原产地地理标志的注册登记和行政裁决。《国家知识产权局职能配置、内设机构和人员编制规定》中明确，国家知识产权局负责拟定原产地地理标志统一认定制度并组织实施。

国家知识产权局知识产权保护司承担原产地地理标志相关保护工作。知识产权保护司设地理标志和官方标志保护处，负责拟订并组织实施地理标志保护的政策、标准和制度；组织实施地理标志审查认定，拟订地理标志侵权判断标准；承担涉外地理标志保护工作、地理标志保护对外合作相关工作。

6.2　地方知识产权管理部门

为加强和优化地理标志保护职能，实现地理标志统一集中管理，各省、自治区、直辖市知识产权管理部门均设立职能处室，负责本行政区域内地理标志保护相关工作（见表6-2-1）。

表 6-2-1　各省（自治区、直辖市）知识产权管理部门地理标志保护职能处室

序号	省（自治区、直辖市）	知识产权管理部门	地理标志保护职能处室
1	北京市	北京市知识产权局	知识产权保护处
2	天津市	天津市知识产权局	商标管理处
3	河北省	河北省知识产权局	知识产权保护处
4	山西省	山西省知识产权局	知识产权保护发展处
5	内蒙古自治区	内蒙古自治区知识产权局	知识产权保护处
6	辽宁省	辽宁省知识产权局	商标和地理标志处
7	吉林省	吉林省知识产权局	知识产权运用促进处
8	黑龙江省	黑龙江省知识产权局	知识产权保护处
9	上海市	上海市知识产权局	知识产权保护处
10	江苏省	江苏省知识产权局	知识产权保护处
11	浙江省	浙江省知识产权局	知识产权保护处
12	安徽省	安徽省知识产权局	知识产权保护处
13	福建省	福建省知识产权局	商标监督管理处
14	江西省	江西省知识产权局	知识产权保护协调处
15	山东省	山东省知识产权局	知识产权保护处
16	河南省	河南省知识产权局	知识产权保护处
17	湖北省	湖北省知识产权局	商标和地理标志处
18	湖南省	湖南省知识产权局	知识产权运用处
19	广东省	广东省知识产权局	知识产权保护处
20	广西壮族自治区	广西壮族自治区知识产权局	商标监督管理处
21	海南省	海南省知识产权局	知识产权保护合作处
22	重庆市	重庆市知识产权局	知识产权保护处
23	四川省	四川省知识产权局	商标监管处
24	贵州省	贵州省知识产权局	知识产权保护处
25	云南省	云南省知识产权局	知识产权保护处
26	西藏自治区	西藏自治区知识产权局	知识产权处
27	陕西省	陕西省知识产权局	规划协调处
28	甘肃省	甘肃省知识产权局	商标专利监督管理处
29	青海省	青海省市场监督管理局	商标品牌建设与对外合作处
30	宁夏回族自治区	宁夏回族自治区知识产权局	知识产权保护处
31	新疆维吾尔自治区	新疆维吾尔自治区知识产权局	知识产权促进处、知识产权保护处

附　录

附录1　2022年受理地理标志产品保护申请（国内产品）

序号	申请产品名称	省、自治区、直辖市	申请机构	地方人民政府建议的地理标志产品产地范围	地方人民政府界定产地范围的建议文件	标准或技术规范
1	巨野大蒜	山东省	巨野县人民政府	山东省菏泽市巨野县现辖行政区域	巨野县人民政府关于划定巨野大蒜地理标志产品保护范围的函（巨政函〔2019〕15号）	巨野县农业地方技术规范：DB371724/T 001—2016《巨野大蒜》
2	上栗花炮	江西省	上栗县人民政府	江西省萍乡市上栗县现辖行政区域	上栗县人民政府关于划定"上栗花炮"地理标志产品保护的范围建议的请示（栗府文〔2021〕58号）	萍乡市金坪烟花制造有限公司企业标准：Q/JP001—2019《上栗花炮 烟花爆竹烟花》上栗县金合出口花炮厂企业标准：Q/JH002—2019《上栗花炮 烟花爆竹 爆竹》
3	黟山石墨茶（黟县石墨茶）	安徽省	黟县人民政府	安徽省黄山市黟县现辖行政区域	黟县人民政府关于划定黟山石墨茶（黟县石墨茶）地理标志产品保护范围的函（黟政函〔2019〕11号）	安徽弋江源茶业有限公司食品安全企业标准：Q/YJY0003S—2020《黟山石墨茶（黟县石墨茶）》
4	龙川山茶油	广东省	龙川县人民政府	广东省河源市龙川县现辖行政区域	龙川县人民政府关于划定龙川山茶油地理标志产品保护范围的函（龙府函〔2020〕47号）	广东省地方标准：《地理标志产品 龙川山茶油》（草案）
5	金寨天麻	安徽省	金寨县人民政府	安徽省六安市金寨县现辖行政区域	金寨县人民政府关于界定"金寨天麻"地理标志产品保护范围的函（金政秘〔2020〕129号）	金寨县金山寨食（药）用菌种植专业合作社企业标准：Q/JSZ—BZ010—2020《金寨天麻》
6	歙县珠兰花茶	安徽省	歙县人民政府	安徽省黄山市歙县现辖行政区域	歙县人民政府关于界定歙县珠兰花茶地理标志产品保护范围的函（政函〔2019〕31号）	黄山雾云间生态农业开发有限公司企业标准：Q/WYJ0002S—2020《歙县珠兰花茶》
7	会昌酱干	江西省	会昌县人民政府	江西省赣州市会昌县文武坝镇、麻州镇共2个镇现辖行政区域	会昌县人民政府关于界定"会昌酱干"地理标志产品保护范围的函（会府文〔2021〕62号）	江西省地方标准：《地理标志产品 会昌酱干》（草案）
8	柞水木耳	陕西省	柞水县人民政府	陕西省商洛市柞水县现辖行政区域	柞水县人民政府关于划定柞水木耳地理标志产品保护范围的请示（柞政函〔2020〕167号）	陕西省地方标准：DB 61/T 1343—2020《地理标志产品 柞水木耳》
9	天等指天椒酱	广西壮族自治区	天等县人民政府	广西壮族自治区崇左市天等县现辖行政区域	天等县人民政府关于界定天等指天椒酱地理标志产品保护范围的函（天政函〔2017〕60号）	广西壮族自治区地方标准：《地理标志产品 天等指天椒酱（草案）》

附录2 2022年认定地理标志产品

序号	地理标志产品名称	申请机构	产地范围	公告号
1	滦南虾酱	河北省唐山市滦南县人民政府	河北省唐山市滦南县南堡镇、柏各庄镇、坨里镇、胡各庄镇共4个镇现辖行政区域	国家知识产权局公告第四七三号
2	滦南虾油	河北省唐山市滦南县人民政府	河北省唐山市滦南县南堡镇、柏各庄镇、坨里镇、胡各庄镇共4个镇现辖行政区域	国家知识产权局公告第四七三号
3	祥云红梨	云南省大理白族自治州祥云县人民政府	云南省大理白族自治州祥云县现辖行政区域	国家知识产权局公告第四七三号
4	亳菊	安徽省亳州市人民政府	安徽省亳州市谯城区，涡阳县义门镇、陈大镇、牌坊镇、花沟镇、龙山镇、涡南镇、星园街道、城关街道、天静宫街道、高炉镇、西阳镇、标里镇，蒙城县小涧镇、岳坊镇、马集镇、小辛集乡、城关街道，共计42个乡、镇、街道现辖行政区域	国家知识产权局公告第四九四号
5	即墨黄酒	山东省青岛市即墨区人民政府	山东省青岛市即墨区现辖行政区域	国家知识产权局公告第四九四号

附录 3 截至 2022 年底累计认定地理标志产品地域分布（国内产品）

序号	省份	地理标志产品数量（个）
1	北京市	13
2	天津市	13
3	河北省	75
4	山西省	27
5	内蒙古自治区	41
6	辽宁省	89
7	吉林省	53
8	黑龙江省	75
9	上海市	12
10	江苏省	91
11	浙江省	115
12	安徽省	87
13	福建省	107
14	江西省	62
15	山东省	82
16	河南省	116
17	湖北省	165
18	湖南省	83
19	广东省	162
20	广西壮族自治区	93
21	海南省	12
22	重庆市	14
23	四川省	296
24	贵州省	150
25	云南省	65
26	西藏自治区	35
27	陕西省	86
28	甘肃省	68
29	青海省	16
30	宁夏回族自治区	13
31	新疆维吾尔自治区	39
	合计	2355

附录4　截至2022年底累计认定地理标志产品地域分布（国外产品）

序号	国家	地理标志产品数量（个）
1	爱尔兰	2
2	奥地利	1
3	波兰	1
4	丹麦	1
5	德国	5
6	法国	63
7	芬兰	1
8	捷克	2
9	立陶宛	1
10	罗马尼亚	1
11	美国	1
12	墨西哥	1
13	葡萄牙	6
14	瑞典	1
15	塞浦路斯	1
16	斯洛伐克	1
17	斯洛文尼亚	1
18	希腊	5
19	西班牙	12
20	匈牙利	1
21	意大利	26
22	英国	4
23	比利时、德国、法国、荷兰	1
24	塞浦路斯、希腊	1
合计		140

附录5 2022年以地理标志作为集体商标、证明商标注册情况

序号	商标名称	商标图样	商标类型	注册号	商品类别	序号	商标名称	商标图样	商标类型	注册号	商品类别
1	PROSECCO		证明商标	15449282	33	15	通道侗绣		证明商标	34744606	26
2	哥瑞纳帕达诺		证明商标	15803086	29	16	通道苦酒		证明商标	34744609	33
3	西樵大饼		证明商标	22790214	30	17	平和 大溪荔枝 PINGHE DAXI LITCHI		集体商标	34744755	31
4	志丹山杏仁		证明商标	31294385	31	18	平和 夫人李 PINGHE PINK PLUM		集体商标	34744756	31
5	三亚芒果 SANYA MANGO		集体商标	31518508	31	19	平和 棕包梨 PINGHE BROWN BARK PEAR		集体商标	34744757	31
6	岢岚柏籽羊肉		证明商标	32170419	29	20	东光辣椒		证明商标	34774779	31
7	大圣水芹		集体商标	33692750	31	21	承德香菇		证明商标	34858596	31
8	微山湖杞柳		证明商标	33718789	31	22	承德蕨菜		证明商标	34858597	31
9	唐山秋黄瓜		证明商标	33961296	31	23	承德黑木耳		证明商标	34858599	29
10	唐山花生		证明商标	33961298	31	24	睢宁大米		证明商标	34924309	30
11	石门红茶		证明商标	34101143	30	25	新罗天草橘橙		证明商标	35188744	31
12	郓城黄河鲤鱼		证明商标	34170916	31	26	阜城鸭梨		证明商标	35554747	31
13	元氏石榴		证明商标	34455131	31	27	福鼎白茶 FUDING WHITE TEA		证明商标	35583757	30
14	上杭紫金山酒		证明商标	34455135	33						

续表

序号	商标名称	商标图样	商标类型	注册号	商品类别	序号	商标名称	商标图样	商标类型	注册号	商品类别
28	福鼎白茶 FUDING WHITE TEA		证明商标	35583758	30	43	大庙桑葚		证明商标	38863288	31
29	黄金村软米		证明商标	35676953	30	44	泰和冠朝猪		证明商标	38894998	31
30	三门坡沙姜 SANMENPO SAND GINGER		证明商标	36294336	31	45	黄金村软米		证明商标	39469622	30
31	固安蜜李		证明商标	36398510	31	46	泰和沙田柚		证明商标	39643428	31
32	洋县黑米酒		证明商标	36598576	33	47	香格里拉牦牛		证明商标	39643505	29
33	南靖芦柑		证明商标	36599570	31	48	香格里拉藏香猪		证明商标	39643773	31
34	南靖蕉柑		证明商标	36599571	31	49	泰和蜜桔		证明商标	39800975	31
35	南靖土楼茶		证明商标	36675478	30	50	茂名荔枝		证明商标	39801021	31
36	任丘灵芝		证明商标	36818823	5	51	茂名荔枝		证明商标	39801022	29
37	万宁龙滚菠萝		证明商标	37201049	31	52	新化红薯粉		证明商标	40122826	30
38	尤溪 尤溪老酒		证明商标	37841188	33	53	城步峒茶		证明商标	40122877	30
39	牛滩之姜		证明商标	38317476	31	54	建瓯白莲		证明商标	40549699	29
40	南四湖蒲草		证明商标	38407258	31	55	南安南都山铁观音		证明商标	40619515	30
41	保康金钗		证明商标	38542764	5	56	弯丹牛		证明商标	40753433	31
42	岳普湖小茴香		证明商标	38746067	30	57	弯丹牛		证明商标	40753440	29

续表

序号	商标名称	商标图样	商标类型	注册号	商品类别	序号	商标名称	商标图样	商标类型	注册号	商品类别
58	南城麻姑茶	南城麻姑茶 NANCHENGMAGUCHA	证明商标	40782709	30	74	南安高茄龙眼	南安高茄龙眼	证明商标	42742395	31
59	金溪蜜桔	金溪蜜桔	证明商标	40782741	31	75	炉霍黑虎掌菌	炉霍黑虎掌菌	证明商标	42972516	31
60	巫山川牛膝	巫山川牛膝	证明商标	40901055	5	76	白朗西瓜	白朗西瓜	证明商标	43005546	31
61	临县大豆	临县大豆	证明商标	40937769	30	77	舟山小黄鱼	舟山小黄鱼	证明商标	43035374	29
62	平和蜜柚	平和蜜柚	证明商标	40970680	31	78	蒋坝螺蛳	蒋坝螺蛳	证明商标	43105498	31
63	尼西黑陶	尼西黑陶	证明商标	41000965	21	79	西昌葡萄	西昌葡萄	证明商标	43127145	31
64	茶陵生姜	茶陵生姜	证明商标	41377262	31	80	乡城水磨糌粑	乡城水磨糌粑	证明商标	43252673	30
65	辉县草鸡蛋	辉县草鸡蛋	证明商标	41377432	29	81	美姑山羊	美姑山羊	证明商标	43274730	29
66	石嘴山架豆种子	石嘴山架豆种子	证明商标	41777291	31	82	白菜王庄大白菜	白菜王庄大白菜	证明商标	43331348	31
67	通元湖羊	通元湖羊	证明商标	41866608	29	83	大坡番石榴	大坡番石榴	证明商标	43466774	31
68	通元湖羊	通元湖羊	证明商标	41866609	31	84	谭文针米 TANWEN RICE		证明商标	43467667	30
69	江城瑶家山红米	江城红米	证明商标	41867218	30	85	河包粉条	河包粉条	证明商标	43472430	30
70	慈利黄柏	慈利黄柏	证明商标	42031956	5	86	志丹牛肉 牛肉	志丹牛肉	证明商标	43475311	29
71	路桥枇杷	路桥枇杷	证明商标	42309470	31	87	三门坡鸭塘果蔗 SANMENPO YATANG SUGARCANE		证明商标	43503196	31
72	安吉竹林鸡	安吉竹林鸡	集体商标	42457755	29	88	武夷山大红袍	武夷山大红袍	证明商标	43509397	30
73	喜德水蜜桃	喜德水蜜桃	证明商标	42554788	31						

续表

序号	商标名称	商标图样	商标类型	注册号	商品类别	序号	商标名称	商标图样	商标类型	注册号	商品类别
89	长宁长裙竹荪	长宁长裙竹荪	证明商标	43509439	29	104	谢岗荔枝	谢岗荔枝 XIE GANG LI ZHI	证明商标	43988807	31
90	河曲海红	河曲海红	证明商标	43581335	31	105	邱县棉花	邱县棉花	证明商标	44048211	22
91	无极芦笋	无极芦笋	证明商标	43679114	31	106	慈利杜仲	慈利杜仲	证明商标	44122460	5
92	贵德包谷杏	贵德包谷杏	证明商标	43717667	31	107	青岛海参	青岛海参	证明商标	44160466	29
93	宜陵螺蛳	宜陵螺蛳	证明商标	43730916	31	108	青岛海参	青岛海参	证明商标	44161988	31
94	新泰食醋	新泰食醋	证明商标	43751774	30	109	青岛梭子蟹	青岛梭子蟹	证明商标	44164682	31
95	新泰酱油	新泰酱油	证明商标	43751775	30	110	青岛鲍鱼	青岛鲍鱼	证明商标	44166242	29
96	吴城大板瓜子	吴城大板瓜子	证明商标	43800214	29	111	胶州星鳗	胶州星鳗	证明商标	44167617	31
97	安图林蛙油	安图林蛙油	证明商标	43830438	5	112	青岛鲍鱼	青岛鲍鱼	证明商标	44168747	31
98	沙芜大蒜	沙芜大蒜	证明商标	43870103	31	113	荣成刺参	荣成刺参	证明商标	44256821	29
99	君山许市脐橙	君山许市脐橙	证明商标	43909826	31	114	甘谷月季	甘谷月季	证明商标	44260177	31
100	贵德花椒	贵德花椒	证明商标	43931362	30	115	黛青山软籽石榴	黛青山软籽石榴	证明商标	44380945	31
101	贵德胡麻油	贵德胡麻油	证明商标	43975653	29	116	合川桃片	合川桃片	集体商标	44649972	30
102	贵德菜籽油	贵德菜籽油	证明商标	43975712	29	117	崆峒苹果	崆峒苹果	证明商标	44747730	31
103	晋安佛手瓜	晋安佛手瓜	证明商标	43976037	31	118	南漳高山土豆	南漳高山土豆	证明商标	44857798	31

续表

序号	商标名称	商标图样	商标类型	注册号	商品类别	序号	商标名称	商标图样	商标类型	注册号	商品类别
119	仪征黑莓	仪征黑莓	证明商标	44941112	31	134	万宁东山羊		证明商标	45570362	31
120	平顺核桃	平顺核桃	证明商标	44941134	31	135	井陉红小豆	井陉红小豆	证明商标	45696930	30
121	台儿庄荷叶茶	台儿庄荷叶茶	证明商标	44996856	30	136	泸定苹果	泸定苹果	证明商标	45709126	31
122	河口小龙虾	河口小龙虾	证明商标	45071436	31	137	西街口人参果		证明商标	45732183	31
123	河口海蜇	河口海蜇	证明商标	45071437	31	138	南晓鸡	南晓鸡	证明商标	45786218	31
124	栾城葡萄	栾城葡萄	证明商标	45143278	31	139	巫山红叶	巫山红叶	证明商标	45860368	31
125	平山粉条	平山粉条	证明商标	45143280	30	140	钟山蜜梨	钟山蜜梨	证明商标	45919503	31
126	涡阳榆钱	涡阳榆钱	证明商标	45143281	29	141	闻喜柴胡	闻喜柴胡	集体商标	45942775	5
127	下白石特晚熟龙眼	下白石特晚熟龙眼	证明商标	45198200	31	142	蒙城黄牛	蒙城黄牛	证明商标	45942777	31
128	苍梧沙头迟熟荔枝	苍梧沙头迟熟荔枝	证明商标	45251812	31	143	商城高山茶	商城高山茶	证明商标	45942783	30
129	龙眠山茶油		证明商标	45260416	29	144	澜沧八角	澜沧八角	证明商标	46020046	5
130	天祝羊肉	天祝羊肉	证明商标	45272874	29	145	澜沧八角	澜沧八角	证明商标	46035823	30
131	栾城黄桃	栾城黄桃	证明商标	45272877	31	146	澜沧草果	澜沧草果	证明商标	46058895	30
132	大埔岗高料烟	大埔岗高料烟	证明商标	45366250	34	147	澜沧草果	澜沧草果	证明商标	46105714	5
133	马铺虎尾轮	马铺虎尾轮	证明商标	45366337	5	148	河间花生	河间花生	证明商标	46200332	31

续表

序号	商标名称	商标图样	商标类型	注册号	商品类别	序号	商标名称	商标图样	商标类型	注册号	商品类别
149	高陵大葱	高陵大葱	证明商标	46287204	31	164	七炭葡萄	七炭葡萄	证明商标	46901396	31
150	沿滩花椒	沿滩花椒	证明商标	46424643	30	165	滕州马铃薯	滕州马铃薯	证明商标	46901399	31
151	洮南鲫鱼	洮南鲫鱼	证明商标	46541385	31	166	白朗枸杞	白朗枸杞	证明商标	46913047	5
152	洮南葛氏鲈塘鳢	洮南葛氏鲈塘鳢	证明商标	46541386	31	167	白朗辣椒	白朗辣椒	证明商标	46931301	31
153	洮南大银鱼	洮南大银鱼	证明商标	46541387	31	168	全椒碧根果	全椒碧根果	证明商标	46978373	31
154	丰南大米	丰南大米	证明商标	46602440	30	169	鹿泉中华鳖	鹿泉中华鳖	证明商标	47040277	31
155	福清东张蜜柚	福清东张蜜柚	证明商标	46626942	31	170	维西木香	维西木香	证明商标	47060644	5
156	无棣香油	无棣香油	证明商标	46684691	29	171	仪陇茧丝	仪陇茧丝	证明商标	47074220	22
157	余姚铁皮石斛	余姚铁皮石斛	证明商标	46717014	5	172	高邮湖 高邮湖梅鲚 GAO YOU HU ANCHOVY	高邮湖梅鲚	证明商标	47098573	31
158	澜沧花椒	澜沧花椒	证明商标	46719620	30	173	龙口长把梨	龙口长把梨	证明商标	47150841	31
159	澜沧砂仁	澜沧砂仁	证明商标	46731534	30	174	庙头千张	庙头千张	证明商标	47150842	29
160	澜沧砂仁	澜沧砂仁	证明商标	46741406	5	175	易县花生	易县花生	证明商标	47150850	31
161	普格高原粳稻米	普格高原粳稻米	证明商标	46750403	31	176	理塘马铃薯	理塘马铃薯	证明商标	47207269	31
162	理塘虫草	理塘虫草	证明商标	46793716	5	177	高邮湖 高邮湖白虾	高邮湖白虾	证明商标	47218017	31
163	射阳平菇	射阳平菇	证明商标	46835952	31	178	维西秦艽	维西秦艽	证明商标	47266209	5

序号	商标名称	商标图样	商标类型	注册号	商品类别	序号	商标名称	商标图样	商标类型	注册号	商品类别
179	合川龙凤山稻	合川龙凤山稻	证明商标	47366443	30	194	大纵湖小龙虾	大纵湖小龙虾	证明商标	47805638	31
180	合川龙凤红苕	合川龙凤红苕	证明商标	47394358	31	195	茂名荔枝 MAO MING LITCHI		证明商标	47879392	29
181	维西青刺果油	维西青刺果油	证明商标	47426160	29	196	茂名荔枝 MAO MING LITCHI		证明商标	47882836	31
182	香格里拉藏鸡	香格里拉藏鸡	证明商标	47433430	31	197	灵寿香猪	灵寿香猪	证明商标	47910443	31
183	无棣白蜡	无棣白蜡	证明商标	47493824	31	198	张掖乌江贡米	张掖乌江贡米	证明商标	47937747	30
184	阿尔山卜留克	阿尔山卜留克	证明商标	47589425	29	199	蓝山黄花梨	蓝山黄花梨	证明商标	47964749	31
185	瑶山雪梨	瑶山雪梨	证明商标	47624976	31	200	凌云乌鸡	凌云乌鸡	证明商标	47964751	31
186	桑植茶油	桑植茶油	证明商标	47639489	29	201	香格里拉松茸	香格里拉松茸	证明商标	47998282	31
187	汉中毛尖	汉中毛尖	集体商标	47734242	30	202	阳山淮山	阳山淮山	证明商标	48050977	31
188	汉中红	汉中红	集体商标	47734243	30	203	高邮湖鳙鱼 高邮湖 GAO YOU HU BIGHEAD	高邮湖鳙鱼	证明商标	48090919	31
189	灌阳雪梨	灌阳雪梨	证明商标	47752134	31	204	吉水冬酒	吉水冬酒	证明商标	48148455	33
190	无棣芝麻		证明商标	47770648	31	205	胸阳栀子花	胸阳栀子花	证明商标	48159084	31
191	鹅鼻萝卜	鹅鼻萝卜	证明商标	47770651	31	206	罗源鲍鱼	罗源鲍鱼	证明商标	48159087	31
192	辛集香椿	辛集香椿	证明商标	47805544	31	207	滦南黄坨甘薯片		证明商标	48159111	29
193	綦江金水梨	綦江金水梨	证明商标	47805628	31	208	茂县甜樱桃	茂县甜樱桃	证明商标	48160665	31

续表

序号	商标名称	商标图样	商标类型	注册号	商品类别	序号	商标名称	商标图样	商标类型	注册号	商品类别
209	茂县脆红李	茂县脆红李	证明商标	48160757	31	224	宝应慈姑	宝应慈姑	证明商标	48460411	31
210	维西黄牛	维西黄牛	证明商标	48169654	31	225	随州油茶		证明商标	48513903	29
211	茂县猕猴桃	茂县猕猴桃	证明商标	48173163	31	226	棠邑绿茶	棠邑绿茶	证明商标	48548468	30
212	云县大朝山茶	云县大朝山茶	证明商标	48178167	30	227	双阳胖头鱼	双阳胖头鱼	证明商标	48552819	31
213	金堂葛根	金堂葛根	证明商标	48185535	5	228	屏南山羊	屏南山羊	证明商标	48605318	31
214	云县白莺山茶	云县白莺山茶	证明商标	48194545	30	229	屏南山羊	屏南山羊	证明商标	48627126	29
215	乳山杂色蛤	乳山杂色蛤	证明商标	48237694	31	230	屏南锥栗	屏南锥栗	证明商标	48663464	31
216	建阳麻沙扁溪草莓	建阳麻沙扁溪草莓	证明商标	48355383	31	231	山阳羽绒	山阳羽绒	证明商标	48674852	22
217	红古高原皇菊	红古高原皇菊	证明商标	48355384	31	232	吴屯稻花鱼	吴屯稻花鱼	证明商标	48700129	29
218	三六沟板栗	三六沟板栗	证明商标	48441086	31	233	吴屯稻花鱼	吴屯稻花鱼	证明商标	48700130	31
219	高淳鲈鱼	高淳鲈鱼	证明商标	48441303	31	234	凤阳大米	凤阳大米	证明商标	48700132	30
220	溧水大米	溧水大米	证明商标	48441304	30	235	下野地枸杞	下野地枸杞	证明商标	48817747	5
221	溧水蓝莓	溧水蓝莓	证明商标	48441306	29	236	博白杨桃	博白杨桃	证明商标	48817755	31
222	溧水黑莓	溧水黑莓	证明商标	48441307	29	237	建湖虾稻米		证明商标	48852169	30
223	武安花椒	武安花椒	证明商标	48441313	30	238	鱼台龙虾	鱼台龙虾	证明商标	48886846	31

续表

序号	商标名称	商标图样	商标类型	注册号	商品类别	序号	商标名称	商标图样	商标类型	注册号	商品类别
239	临潼石榴	临潼石榴	证明商标	48886847	31	254	任丘小蜜梨	任丘小蜜梨	证明商标	49669162	31
240	赵县生姜	赵县生姜	证明商标	48891788	31	255	黄庄蜜桃	黄庄蜜桃	证明商标	49698405	31
241	侯帐桃	侯帐桃	证明商标	49004645	31	256	蓬安锦橙	蓬安锦橙	证明商标	49748365	31
242	房山红薯	房山红薯	证明商标	49004647	31	257	高县黄金芽	高县黄金芽	证明商标	49748370	30
243	沐川魔芋	沐川魔芋	证明商标	49110126	30	258	惠民短枝红富士苹果	惠民短枝红富士苹果	证明商标	49761248	31
244	鄄城董口黄金梨	鄄城董口黄金梨	证明商标	49120265	31	259	政和地瓜干	政和地瓜干	证明商标	49782863	29
245	永平火腿	永平火腿	证明商标	49220934	29	260	政和地瓜干	政和地瓜干	证明商标	49782864	29
246	扶溪大米	扶溪大米	证明商标	49229605	30	261	阿瓦提长绒棉	阿瓦提长绒棉	证明商标	49845197	22
247	武宁棍子鱼	武宁棍子鱼	证明商标	49257199	31	262	定陶甜瓜	定陶甜瓜	证明商标	49863321	31
248	枣阳皇桃	枣阳皇桃	证明商标	49364926	31	263	定陶黄金梨	定陶黄金梨	证明商标	49880727	31
249	汉源贡椒	汉源贡椒	证明商标	49367809	30	264	垛疃樱桃	垛疃樱桃	证明商标	49889500	31
250	大冶刺绣	大冶刺绣	集体商标	49374859	26	265	蛟河粘玉米	蛟河粘玉米	证明商标	49971019	29
251	景泰肉苁蓉	景泰肉苁蓉 JINGTAIROUCONGRONG	证明商标	49561386	5	266	蛟河粘玉米	蛟河粘玉米	证明商标	49971019	31
252	岷县黄芪蜂蜜	岷县黄芪蜂蜜	证明商标	49561387	30	267	越西苹果	越西苹果	证明商标	50008823	31
253	景泰文冠果茶	景泰文冠果茶 JINGTAIWENGUANGUOCHA	证明商标	49561388	30	268	曹县麦冬	曹县麦冬	证明商标	50029491	5

续表

序号	商标名称	商标图样	商标类型	注册号	商品类别	序号	商标名称	商标图样	商标类型	注册号	商品类别
269	曹县黄桃	曹县黄桃	证明商标	50037530	31	285	荣成鲍鱼	荣成鲍鱼	证明商标	50452020	29
270	安义米粉	安义米粉	证明商标	50052028	30	286	南漳土鸡	南漳土鸡	证明商标	50462945	31
271	大埔蜜柚	大埔蜜柚	证明商标	50085561	31	287	诸暨短柄樱桃	诸暨短柄樱桃	证明商标	50471804	31
272	溆浦龙潭猪	溆浦龙潭猪	证明商标	50117994	31	288	普润稻花鱼	普润稻花鱼	证明商标	50549046	31
273	石城烟叶	石城烟叶	证明商标	50142321	34	289	保安莲子	保安莲子	证明商标	50572383	29
274	兰溪小萝卜	兰溪小萝卜	证明商标	50163815	29	290	涟水草鸡蛋	涟水草鸡蛋	证明商标	50649656	29
275	荣县二红茄	荣县二红茄	证明商标	50194956	31	291	日照海米	日照海米	证明商标	50652198	29
276	沛县冬桃	沛县冬桃	证明商标	50222946	31	292	日照对虾	日照对虾	证明商标	50652199	29
277	龙州桄榔粉	龙州桄榔粉	证明商标	50234151	30	293	荣县黑山羊	荣县黑山羊	证明商标	50665668	31
278	湖口凤尾鱼	湖口凤尾鱼	证明商标	50281335	31	294	碌曲蕨麻猪	碌曲蕨麻猪	证明商标	50687274	29
279	曹县西红柿	曹县西红柿	证明商标	50308831	31	295	武义灵芝	武义灵芝	证明商标	50703659	5
280	太平大米	太平大米	证明商标	50366362	30	296	相达牦牛	相达牦牛	证明商标	50711050	29
281	东明鲈鱼	东明鲈鱼	证明商标	50411939	31	297	相达牦牛	相达牦牛	证明商标	50729326	31
282	垫江晚柚	垫江晚柚	证明商标	50428363	31	298	象山小黄鱼	象山小黄鱼	证明商标	50739747	31
283	石河子黄桃	石河子黄桃	证明商标	50432971	31	299	碌曲牦牛	碌曲牦牛	证明商标	50744912	29
284	荣成蜢子虾酱	荣成蜢子虾酱	证明商标	50451377	29	300	华州花椒	华州花椒	证明商标	50760441	30

序号	商标名称	商标图样	商标类型	注册号	商品类别	序号	商标名称	商标图样	商标类型	注册号	商品类别
301	碌曲藏羊	碌曲藏羊	证明商标	50767707	29	316	长白林下猪	长白林下猪	证明商标	51127364	29
302	安达黑豆	安达黑豆	证明商标	50794399	31	317	三门小白虾	三门小白虾	证明商标	51127365	31
303	稳村番薯	稳村番薯	证明商标	50846550	31	318	八步茶	八步茶	证明商标	51161129	30
304	高要巴戟天	高要巴戟天	证明商标	50878114	5	319	海南沉香HNCX	海南沉香HNCX	证明商标	51196929	3
305	天等指天椒	天等指天椒	证明商标	50893600	31	320	海南沉香HNCX	海南沉香HNCX	证明商标	51196930	5
306	天等指天椒	天等指天椒	证明商标	50916764	30	321	隆化苍术	隆化苍术	证明商标	51197476	5
307	藤县粉葛	藤县粉葛	证明商标	50931575	31	322	隆化柴胡	隆化柴胡	证明商标	51202341	5
308	永安鸡爪椒	永安鸡爪椒	证明商标	50973044	29	323	黄河涯蜜桃	黄河涯蜜桃	证明商标	51317487	31
309	耿马滇黄精	耿马滇黄精	证明商标	50983493	5	324	李官葡萄	李官葡萄	证明商标	51317488	31
310	井陉连翘	井陉连翘	证明商标	50989871	5	325	兴文石海小龙虾	兴文石海小龙虾	证明商标	51419641	31
311	潭碧冬瓜	潭碧冬瓜	证明商标	51040154	31	326	理塘香菇	理塘香菇	证明商标	51430147	29
312	星甸青虾	星甸青虾	证明商标	51053939	31	327	六里葡萄	六里葡萄	证明商标	51430261	31
313	廉江番石榴	廉江番石榴	证明商标	51072725	31	328	石城贡米	石城贡米	证明商标	51436384	30
314	宁海白枇杷	宁海白枇杷 NING HAI BAI PIPA	证明商标	51091183	31	329	齐楼向日葵	齐楼向日葵	证明商标	51471706	31
315	三门甜瓜	三门甜瓜	证明商标	51127363	31	330	达日酸奶	达日酸奶	证明商标	51596718	29
						331	霍邱虾田米	霍邱虾田米	证明商标	51606656	30

续表

序号	商标名称	商标图样	商标类型	注册号	商品类别	序号	商标名称	商标图样	商标类型	注册号	商品类别
332	固始鹅	固始鹅	证明商标	51641277	29	348	中山东升脆肉鲩	中山东升脆肉鲩	证明商标	52067085	29
333	三沙金枪鱼 SANSHA TUNA	SANSHA TUNA	证明商标	51645517	31	349	中山东升脆肉鲩	中山东升脆肉鲩	证明商标	52067101	31
334	三沙金枪鱼 SANSHA TUNA	SANSHA TUNA	证明商标	51645518	29	350	沙建芦柑	沙建芦柑	证明商标	52067102	31
335	晋宁康乃馨	晋宁康乃馨	证明商标	51645519	31	351	茶陵风干鹅	茶陵风干鹅	证明商标	52074816	29
336	晋宁玫瑰	晋宁玫瑰	证明商标	51645520	31	352	锡林郭勒奶酪 THE CHEESE OF XILINGOL		证明商标	52156149	29
337	晋宁绣球	晋宁绣球	证明商标	51645521	31	353	达日藏羊	达日藏羊	证明商标	52208003	31
338	时楼芍药	时楼芍药	证明商标	51651430	31	354	罗定三黄鸡	罗定三黄鸡	证明商标	52209928	31
339	单县香酥梨	单县香酥梨	证明商标	51671718	31	355	南沙青蟹	南沙青蟹	证明商标	52278491	31
340	霍邱土鸡蛋	霍邱土鸡蛋	证明商标	51711148	29	356	南充柑桔	南充柑桔	证明商标	52282664	31
341	理塘香菇	理塘香菇	证明商标	51873551	31	357	崇礼彩椒	崇礼彩椒	证明商标	52287667	31
342	道孚青杠椴木黑木耳	道孚青杠椴木黑木耳	证明商标	51895110	29	358	崇礼彩椒	崇礼彩椒	证明商标	52291109	29
343	牟定腐乳	牟定腐乳	证明商标	51918425	29	359	羊湖裸鲤	羊湖裸鲤	证明商标	52323819	29
344	奉节贝母	奉节贝母	证明商标	51956893	5	360	西店牡蛎	西店牡蛎 XIDIANMULI	证明商标	52357922	31
345	伊犁薰衣草	伊犁薰衣草	证明商标	51956896	31	361	察隅石榴	察隅石榴	证明商标	52464551	31
346	潢川州姜	潢川州姜	证明商标	52015433	31	362	察隅辣椒	察隅辣椒	证明商标	52471943	31
347	栾城拐枣	栾城拐枣	证明商标	52066972	31	363	临翔蜂蜜	临翔蜂蜜	证明商标	52480056	30

序号	商标名称	商标图样	商标类型	注册号	商品类别	序号	商标名称	商标图样	商标类型	注册号	商品类别
364	达日大黄		证明商标	52484725	5	379	洛龙大蒜		证明商标	53175425	31
365	窑湾蜜桔		证明商标	52492347	31	380	襄阳花生油		证明商标	53322356	29
366	正阳花生		证明商标	52546831	31	381	泽州黄小米		证明商标	53475944	30
367	科左中旗甜菜		证明商标	52641144	31	382	靖江河豚 JINGJIANG PUFFER FISH		证明商标	53514013	29
368	科左中旗瓜子		证明商标	52641145	29	383	靖江河豚 JINGJIANG PUFFER FISH		证明商标	53514013	31
369	科左中旗高粱		证明商标	52641146	30	384	安康魔芋		证明商标	53522764	31
370	达日藏红花		证明商标	52652379	5	385	天门黄豆		集体商标	53591514	30
371	新田大豆		证明商标	52687920	31	386	大丰麦仁		证明商标	53601413	30
372	米脂山地苹果 MIZHI MOUNTAIN LAND APPLE		证明商标	52799046	31	387	尼玛白绒山羊		证明商标	53676637	31
373	钦州黄瓜皮		证明商标	52828461	29	388	尼玛白绒山羊		证明商标	53676640	29
374	平潭鲍鱼		证明商标	52903541	31	389	山盆脆李		证明商标	53884250	31
375	白马蓝莓		证明商标	52909190	31	390	吴堡青梨		证明商标	53924529	31
376	郭村软仁石榴		证明商标	52972090	31	391	大姚花椒		证明商标	53963340	31
377	宁县苹果		证明商标	53019991	31	392	大姚花椒		证明商标	53968733	30
378	江孜藏毯		证明商标	53107506	27	393	南漳柑橘		证明商标	53990137	31

续表

序号	商标名称	商标图样	商标类型	注册号	商品类别	序号	商标名称	商标图样	商标类型	注册号	商品类别
394	栾川连翘	栾川连翘	证明商标	54101384	5	410	麻栗坡草果	麻栗坡草果	证明商标	55155322	30
395	宁武莜麦	宁武莜麦	证明商标	54103458	31	411	上杭建兰	上杭建兰	证明商标	55330409	31
396	崀山脐橙	崀山脐橙	证明商标	54224386	31	412	宁强天麻	宁强天麻	证明商标	55332680	5
397	曲靖烟叶	曲靖烟叶	证明商标	54355714	34	413	勐腊砂仁	勐腊砂仁	证明商标	55490191	5
398	城口独活	城口独活	证明商标	54386526	5	414	歙县山核桃	歙县山核桃	证明商标	55787295	31
399	宝应芡实	宝应芡实	证明商标	54677697	31	415	高明三洲黑鹅	高明三洲黑鹅	证明商标	55825164	29
400	宝应芡实	宝应芡实	证明商标	54686735	30	416	元谋洋葱	元谋洋葱	证明商标	55863433	31
401	松溪香菇	松溪香菇	证明商标	54691533	29	417	武宣胭脂李	武宣胭脂李	证明商标	56019290	31
402	松溪香菇	松溪香菇	证明商标	54691558	31	418	宣州鸡	宣州鸡	证明商标	56085744	29
403	松溪灵芝	松溪灵芝	证明商标	54699399	5	419	永安大湖鱼	永安大湖鱼	证明商标	56256462	31
404	胡陈洋芋	胡陈洋芋	证明商标	54728340	31	420	随县葡萄	随县葡萄	证明商标	56278336	31
405	松溪灵芝	松溪灵芝	证明商标	54769957	31	421	三都香葱	三都香葱	证明商标	56685508	31
406	碌曲牦牛	碌曲牦牛	证明商标	54946919	31	422	江油附子	江油附子	证明商标	56812980	5
407	长沙绿茶	长沙绿茶	集体商标	54963232	30	423	保康柿子	保康柿子	证明商标	56839867	31
408	长兴红梅	长兴红梅	证明商标	55118250	31	424	卓尼柴胡	卓尼柴胡	证明商标	56859369	5
						425	卓尼当归	卓尼当归	证明商标	56881716	5
409	长兴青梅	长兴青梅	证明商标	55118251	31	426	绿春黄连鸡	绿春黄连鸡	证明商标	56888785	31

续表

序号	商标名称	商标图样	商标类型	注册号	商品类别	序号	商标名称	商标图样	商标类型	注册号	商品类别
427	内乡毛花菊	内乡毛华菊	证明商标	56921401	31	441	内黄花生	内黄花生	证明商标	57990437	31
428	仙桃黄鳝	仙桃黄鳝	证明商标	57155136	31	442	寨沙头菜	寨沙头菜	证明商标	58061032	29
429	庆元甜桔柚	庆元甜桔柚	证明商标	57243880	31	443	屏南四季杜鹃	屏南四季杜鹃	证明商标	58233353	31
430	三沙针叶樱桃 SANSHA ACERIFOLIA CHERRY		证明商标	57244506	31	444	献县金丝小枣	献县金丝小枣	证明商标	58536213	29
431	三沙石斑鱼		证明商标	57269409	31	445	丰宁大扁	丰宁大扁	证明商标	58555373	31
432	永福杜鹃花	永福杜鹃花	证明商标	57317404	31	446	颍泉包金梨	颍泉包金梨	证明商标	58744219	31
433	永福素心兰	永福素心兰	证明商标	57322400	31	447	永福茶花	永福茶花	证明商标	58782854	31
434	永福高山茶 YONG FU HIGH-MOUNTAIN TEA	永福高山茶	证明商标	57349921	30	448	万宁东山羊 WANNING DONGSHAN GOAT	万宁东山羊	证明商标	58849578	31
435	忻州糯玉米	忻州糯玉米	证明商标	57453143	31	449	敦化人参	敦化人参	证明商标	58970045	5
436	倒店西瓜	倒店西瓜	证明商标	57575904	31	450	尉犁罗布麻	尉犁罗布麻	证明商标	59132660	30
437	莒县苹果	莒县苹果	证明商标	57600107	31	451	平湖西瓜	平湖西瓜	证明商标	59163676	31
438	高邑黄瓜	高邑黄瓜	证明商标	57679157	31	452	岳西茯苓	岳西茯苓	证明商标	59193336	5
439	永安冬笋		证明商标	57864931	29	453	二甲蓝印花布	二甲蓝印花布	证明商标	59261475	24
440	内黄花生	内黄花生	证明商标	57980975	29	454	乐业薄壳核桃	乐业薄壳核桃	证明商标	59266857	31
						455	乐业板栗	乐业板栗	证明商标	59283534	31

续表

序号	商标名称	商标图样	商标类型	注册号	商品类别	序号	商标名称	商标图样	商标类型	注册号	商品类别
456	深州鸭梨	深州鸭梨	证明商标	59295252	31	471	莲花白鹅	莲花白鹅	证明商标	60083737	29
457	莱芜老干烘 LAIWU OLD DRY BAKING		证明商标	59308063	30	472	罗定豆豉	豆豉	证明商标	60176949	30
458	乐业刺梨	乐业刺梨	证明商标	59313051	31	473	云和雪梨	云和雪梨	证明商标	60183703	31
459	金寨篮茶	金寨篮茶	证明商标	59429557	30	474	巨鹿小米	巨鹿小米	证明商标	60250133	30
460	昌黎扇贝	昌黎扇贝	证明商标	59497782	29	475	孙福集山药	孙福集山药	证明商标	60259991	31
461	宁夏枸杞	宁夏枸杞	证明商标	59676128	5	476	罗定肉桂	肉桂	证明商标	60340560	30
462	绛县连翘	绛县连翘	证明商标	59716538	5	477	开阳枇杷	开阳枇杷	证明商标	60600370	31
463	绛县黄芩	绛县黄芩	证明商标	59716539	5	478	绍兴腐乳	绍兴腐乳	证明商标	60654410	29
464	绛县柴胡	绛县柴胡	证明商标	59716540	5	479	惠东马铃薯	惠东马铃薯	证明商标	60712187	31
465	大关筇竹笋	大关筇竹笋	证明商标	59741513	31	480	新宁脐橙	新宁脐橙	证明商标	60817110	31
466	龙泉灵芝孢子粉	龙泉灵芝孢子粉	证明商标	59747881	5	481	松溪九龙大白茶	松溪九龙大白茶	证明商标	60909447	30
467	龙泉灵芝	龙泉灵芝	证明商标	59747882	5	482	椿木营竹节参	椿木营竹节参	证明商标	60984508	5
468	赤壁青砖茶 赤1006 CHI BI QING ZHUAN TEA		证明商标	59779244	30	483	会东芒果	会东芒果	证明商标	61103241	31
469	河边白柠檬	河边白柠檬	证明商标	60028854	31	484	宝鸡蜂蜜 BAOJIHONEY		证明商标	61368772	30
470	抚松人参 FUSONG GINSENG		证明商标	60029561	5	485	环县苹果	环县苹果	证明商标	61420438	31

113

续表

序号	商标名称	商标图样	商标类型	注册号	商品类别	序号	商标名称	商标图样	商标类型	注册号	商品类别
486	石湖西瓜		证明商标	61436271	31	501	偏关莜面		证明商标	62583507	30
487	东兴海鸭蛋		证明商标	61505389	29	502	沧县金丝小枣		证明商标	62828909	29
488	郓城半夏		证明商标	61659648	5	503	宜川核桃		证明商标	64065827	29
489	西昌葡萄 XICHANG GRAPE		证明商标	61706729	31	504	防城肉桂		证明商标	51754669A	30
490	左贡葡萄		证明商标	61752913	31	505	BARBARESCO		证明商标	G1022063H	33
491	东源仙湖茶		证明商标	61795722	30	506	JABUGO		证明商标	G1130951	29
492	玉林八角		证明商标	61924211	30	507	P PINEAU DES CHARENTES AOC DEPUIS 1945		证明商标	G1302555	33
493	龙门大米 LONGMEN RICE		证明商标	61954089	30	508	SOAVE		证明商标	G1350724H	33
494	防城八角		证明商标	61965997	30	509	LUGANA		证明商标	G1534232	33
495	内江天冬		证明商标	61983394	5	510	PARMIGIANO REGGIANO		证明商标	G477182H	29
496	新兴排米粉		证明商标	62221181	30	511	MORTADELLA BOLOGNA		证明商标	G789800	29
497	罗城扎粉		证明商标	62323474	30	512	BRUNELLO DI MONTALCINO		证明商标	G857959	33
498	武冈脐橙		证明商标	62358584	31	513	CHIANTI CLASSICO		证明商标	G877636H	33
499	偏关豆腐		证明商标	62388784	29	514	CHIANTI CLASSICO DAL 1716		证明商标	G902976	33
500	泰宁新桥白笋干		证明商标	62423674	29						

附录6 2022年以地理标志作为集体商标、证明商标注册国内省份分布

序号	省份	数量（件）
1	北京市	1
2	天津市	0
3	河北省	43
4	山西省	13
5	内蒙古自治区	5
6	辽宁省	0
7	吉林省	10
8	黑龙江省	1
9	上海市	0
10	江苏省	33
11	浙江省	24
12	安徽省	13
13	福建省	49
14	江西省	14
15	山东省	48
16	河南省	10
17	湖北省	17
18	湖南省	19
19	广东省	24
20	广西壮族自治区	20
21	海南省	18
22	重庆市	11
23	四川省	35
24	贵州省	4
25	云南省	37
26	西藏自治区	12
27	陕西省	13
28	甘肃省	16
29	青海省	4
30	宁夏回族自治区	2
31	新疆维吾尔自治区	6
32	台湾	0
33	香港	0
34	澳门	0
总计		502

附录 7　2022 年以地理标志作为集体商标、证明商标注册国别分布

序号	国家	数量（件）
1	中国	502
2	意大利	10
3	法国	1
4	西班牙	1
总计		514

附录 8　截至 2022 年底以地理标志作为集体商标、证明商标注册国内省份分布

序号	省份	数量（件）
1	北京市	19
2	天津市	27
3	河北省	298
4	山西省	108
5	内蒙古自治区	183
6	辽宁省	141
7	吉林省	112
8	黑龙江省	108
9	上海市	18
10	江苏省	412
11	浙江省	304
12	安徽省	218
13	福建省	643
14	江西省	139
15	山东省	903
16	河南省	112
17	湖北省	517
18	湖南省	241
19	广东省	121
20	广西壮族自治区	98
21	海南省	107
22	重庆市	295
23	四川省	587
24	贵州省	121
25	云南省	347
26	西藏自治区	146
27	陕西省	156
28	甘肃省	171
29	青海省	48
30	宁夏回族自治区	30
31	新疆维吾尔自治区	114
32	台湾	5
33	香港	0
34	澳门	0
	总计	6849

附录 9　截至 2022 年底以地理标志作为集体商标、证明商标注册国别分布

序号	国别	数量（件）
1	中国	6849
2	德国	2
3	西班牙	3
4	法国	155
5	英国	3
6	格鲁吉亚	3
7	意大利	34
8	牙买加	2
9	日本	1
10	墨西哥	2
11	泰国	6
12	美国	14
13	印度	2
总计		7076

附录 10　截至 2022 年底地理标志产品保护国家标准清单

序号	标准编号	标准名称
1	GB/T 17924—2008	地理标志产品标准通用要求
2	GB/T 17946—2008	地理标志产品　绍兴酒（绍兴黄酒）
3	GB/T 18356—2007	地理标志产品　贵州茅台酒
4	GB/T 18357—2008	地理标志产品　宣威火腿
5	GB/T 18623—2011	地理标志产品　镇江香醋
6	GB/T 18624—2007	地理标志产品　水井坊酒
7	GB/T 18665—2008	地理标志产品　蒙山茶
8	GB/T 18739—2008	地理标志产品　宣纸
9	GB/T 18745—2006	地理标志产品　武夷岩茶
10	GB/T 18740—2008	地理标志产品　黄骅冬枣
11	GB/T 18824—2008	地理标志产品　盘锦大米
12	GB/T 18846—2008	地理标志产品　沾化冬枣
13	GB/T 18862—2008	地理标志产品　杭白菊
14	GB/T 18650—2008	地理标志产品　龙井茶
15	GB/T 18957—2008	地理标志产品　洞庭（山）碧螺春茶
16	GB/T 18965—2008	地理标志产品　烟台苹果
17	GB/T 18966—2008	地理标志产品　烟台葡萄酒
18	GB/T 19048—2008	地理标志产品　龙口粉丝
19	GB/T 19049—2008	地理标志产品　昌黎葡萄酒
20	GB/T 19050—2008	地理标志产品　高邮咸鸭蛋
21	GB/T 19051—2008	地理标志产品　南丰蜜桔
22	GB/T 19086—2008	地理标志产品　文山三七
23	GB/T 19087—2008	地理标志产品　庆元香菇
24	GB/T 19088—2008	地理标志产品　金华火腿
25	GB/T 19266—2008	地理标志产品　五常大米
26	GB/T 19265—2008	地理标志产品　沙城葡萄酒
27	GB/T 19327—2007	地理标志产品　古井贡酒
28	GB/T 19328—2007	地理标志产品　口子窖酒
29	GB/T 19329—2007	地理标志产品　道光廿五贡酒（锦州道光廿五贡酒）
30	GB/T 19330—2008	地理标志产品　饶河（东北黑蜂）蜂蜜、蜂王浆、蜂胶、蜂花粉
31	GB/T 19331—2007	地理标志产品　互助青稞酒
32	GB/T 19332—2008	地理标志产品　常山胡柚
33	GB/T 19460—2008	地理标志产品　黄山毛峰茶
34	GB/T 19461—2008	地理标志产品　独流（老）醋
35	GB/T 19503—2008	地理标志产品　沁州黄小米

续表

序号	标准编号	标准名称
36	GB/T 19504—2008	地理标志产品　贺兰山东麓葡萄酒
37	GB/T 19505—2008	地理标志产品　露水河红松籽仁
38	GB/T 19506—2009	地理标志产品　吉林长白山人参
39	GB/T 19507—2008	地理标志产品　吉林长白山中国林蛙油
40	GB/T 19508—2007	地理标志产品　西凤酒
41	GB/T 19585—2008	地理标志产品　吐鲁番葡萄
42	GB/T 19586—2008	地理标志产品　吐鲁番葡萄干
43	GB/T 19598—2006	地理标志产品　安溪铁观音
44	GB/T 19690—2008	地理标志产品　余姚杨梅
45	GB/T 19691—2008	地理标志产品　狗牯脑茶
46	GB/T 19692—2008	地理标志产品　滁菊
47	GB/T 19693—2008	地理标志产品　新昌花生（小京生）
48	GB/T 19694—2008	地理标志产品　平遥牛肉
49	GB/T 19696—2008	地理标志产品　平阴玫瑰
50	GB/T 19697—2008	地理标志产品　黄岩蜜桔
51	GB/T 19698—2008	地理标志产品　太平猴魁茶
52	GB/T 19742—2008	地理标志产品　宁夏枸杞
53	GB/T 19776—2008	地理标志产品　昭通天麻
54	GB/T 19777—2013	地理标志产品　山西老陈醋
55	GB/T 19852—2008	地理标志产品　卢龙粉丝
56	GB/T 19853—2008	地理标志产品　抚远鲟鱼子、鳇鱼子、大麻（马）哈鱼子
57	GB/T 19858—2005	地理标志产品　涪陵榨菜
58	GB/T 19859—2005	地理标志产品　库尔勒香梨
59	GB/T 19906—2005	地理标志产品　宝应荷（莲）藕
60	GB/T 19907—2005	地理标志产品　萧山萝卜干
61	GB/T 19908—2005	地理标志产品　塘栖枇杷
62	GB/T 19909—2005	地理标志产品　建瓯锥栗
63	GB/T 19957—2005	地理标志产品　阳澄湖大闸蟹
64	GB/T 19958—2005	地理标志产品　鞍山南果梨
65	GB/T 19959—2005	地理标志产品　扬州漆器
66	GB/T 19961—2005	地理标志产品　剑南春酒
67	GB/T 20040—2005	地理标志产品　方正大米
68	GB/T 20355—2006	地理标志产品　赣南脐橙
69	GB/T 20356—2006	地理标志产品　广昌白莲
70	GB/T 20350—2006	地理标志产品　怀地黄
71	GB/T 20351—2006	地理标志产品　怀山药
72	GB/T 20352—2006	地理标志产品　怀牛膝

续表

序号	标准编号	标准名称
73	GB/T 20353—2006	地理标志产品　怀菊花
74	GB/T 20358—2006	地理标志产品　石柱黄连
75	GB/T 20357—2006	地理标志产品　永福罗汉果
76	GB/T 20359—2006	地理标志产品　黄山贡菊
77	GB/T 20360—2006	地理标志产品　乌牛早茶
78	GB/T 20349—2006	地理标志产品　吉林长白山饮用天然矿泉水
79	GB/T 20354—2006	地理标志产品　安吉白茶
80	GB/T 20442—2006	地理标志产品　宝清红小豆
81	GB/T 20558—2006	地理标志产品　符离集烧鸡
82	GB/T 20559—2006	地理标志产品　永春芦柑
83	GB/T 20560—2006	地理标志产品　郫县豆瓣
84	GB/T 20605—2006	地理标志产品　雨花茶
85	GB/T 20709—2006	地理标志产品　大连海参
86	GB/T 20710—2006	地理标志产品　大连鲍鱼
87	GB/T 20820—2007	地理标志产品　通化山葡萄酒
88	GB/T 21002—2007	地理标志产品　中牟大白蒜
89	GB/T 21003—2007	地理标志产品　庐山云雾茶
90	GB/T 21004—2007	地理标志产品　泰和乌鸡
91	GB/T 21142—2007	地理标志产品　泰兴白果
92	GB/T 21261—2007	地理标志产品　玉泉酒
93	GB/T 21262—2007	地理标志产品　永春篾香
94	GB/T 21263—2007	地理标志产品　牛栏山二锅头酒
95	GB/T 21819—2008	地理标志产品　遂昌竹炭
96	GB/T 21820—2008	地理标志产品　舍得白酒
97	GB/T 21821—2008	地理标志产品　严东关五加皮酒
98	GB/T 21822—2008	地理标志产品　沱牌白酒
99	GB/T 21823—2008	地理标志产品　都江堰川芎
100	GB/T 21824—2008	地理标志产品　永春佛手
101	GB/T 21930—2008	地理标志产品　云锦
102	GB/T 21998—2008	地理标志产品　德化白瓷
103	GB/T 22041—2008	地理标志产品　国窖 1573 酒
104	GB/T 22045—2008	地理标志产品　泸州老窖特曲酒
105	GB/T 22046—2008	地理标志产品　洋河大曲酒
106	GB/T 22109—2008	地理标志产品　政和白茶
107	GB/T 22111—2008	地理标志产品　普洱茶
108	GB/T 22211—2008	地理标志产品　五粮液酒
109	GB/T 22212—2008	地理标志产品　金乡大蒜

续表

序号	标准编号	标准名称
110	GB/T 22438—2008	地理标志产品　原阳大米
111	GB/T 22439—2008	地理标志产品　寻乌蜜桔
112	GB/T 22440—2008	地理标志产品　琼中绿橙
113	GB/T 22441—2008	地理标志产品　丁岙杨梅
114	GB/T 22442—2008	地理标志产品　瓯柑
115	GB/T 22444—2008	地理标志产品　昌平苹果
116	GB/T 22445—2008	地理标志产品　房山磨盘柿
117	GB/T 22446—2008	地理标志产品　大兴西瓜
118	GB/T 22655—2008	地理标志产品　南通长江河豚（养殖）
119	GB/T 22735—2008	地理标志产品　景芝神酿酒
120	GB/T 22736—2008	地理标志产品　酒鬼酒
121	GB/T 22737—2008	地理标志产品　信阳毛尖茶
122	GB/T 22738—2008	地理标志产品　尤溪金柑
123	GB/T 22739—2008	地理标志产品　建莲
124	GB/T 22740—2008	地理标志产品　灵宝苹果
125	GB/T 22741—2008	地理标志产品　灵宝大枣
126	GB/T 22742—2008	地理标志产品　灵宝杜仲
127	GB/T 22743—2008	地理标志产品　卢氏连翘
128	GB/T 22744—2008	地理标志产品　济源冬凌草
129	GB/T 22745—2008	地理标志产品　方城丹参（裕丹参）
130	GB/T 22746—2008	地理标志产品　泌阳花菇
131	GB/T 23395—2009	地理标志产品　卢氏黑木耳
132	GB/T 23396—2009	地理标志产品　卢氏鸡
133	GB/T 23397—2009	地理标志产品　汝瓷
134	GB/T 23398—2009	地理标志产品　哈密瓜
135	GB/T 23399—2009	地理标志产品　江油附子
136	GB/T 23400—2009	地理标志产品　涪城麦冬
137	GB/T 23401—2009	地理标志产品　延川红枣
138	GB/T 23402—2009	地理标志产品　增城丝苗米
139	GB/T 23403—2009	地理标志产品　钧瓷
140	GB/T 23404—2009	地理标志产品　红河灯盏花
141	GB/T 24569—2009	地理标志产品　常山山茶油
142	GB/T 24710—2009	地理标志产品　坦洋工夫
143	GB/T 24712—2009	地理标志产品　宝清大白板南瓜籽
144	GB/T 26530—2011	地理标志产品　崂山绿茶
145	GB/T 26531—2011	地理标志产品　永春老醋
146	GB/T 26532—2011	地理标志产品　慈溪杨梅
147	GB/T 30723—2014	地理标志产品　梅里斯洋葱

附录11 2022年地理标志国家标准制修订计划清单

序号	计划编号	标准名称	标准性质/翻译语种	类型
1	20214639-T-463	地理标志认定　产品分类与代码	国标	制定
2	W20212186	Geographical Indication—Classification and codes of products	英文	制定
3	20220325-T-463	地理标志　基础术语	国标	制定
4	20221427-T-463	地理标志产品质量要求　普洱咖啡	国标	制定
5	W20222566	Quality requirements for product of geographical indication—Puer coffee	英文	制定
6	20221419-T-463	地理标志产品质量要求　麻江蓝莓	国标	制定
7	W20222569	Quality requirements for product of geographical indication—Majiang Blueberry	英文	制定
8	20221425-T-463	地理标志产品质量要求　汉源花椒	国标	制定
9	W20222564	Quality requirements for product of geographical indication—Hanyuan Red Pepper	英文	制定
10	20221423-T-463	地理标志产品质量要求　富平柿饼	国标	制定
11	W20222567	Quality requirements for product of geographical indication—Fuping dried persimmon	英文	制定
12	20221424-T-463	地理标志产品质量要求　五常大米	国标	修订
13	W20222570	Quality requirements for product of geographical indication—Wuchang rice	英文	制定
14	20221426-T-463	地理标志产品质量要求　龙口粉丝	国标	修订
15	W20222565	Quality requirements for product of geographical indication—Longkou vermicelli	英文	制定
16	20221453-T-463	地理标志产品质量要求　安溪铁观音	国标	修订
17	W20222563	Quality requirements for product of geographical indication—Anxi tieguanyin tea	英文	制定
18	20221421-T-463	地理标志产品质量要求　五粮液酒	国标	修订
19	W20222571	Quality requirements for product of geographical indication—Wuliangye baijiu	英文	制定
20	20221422-T-463	地理标志产品质量要求　金华火腿	国标	修订
21	W20222568	Quality requirements for product of geographical indication—Jinhua ham	英文	制定

附录12 2022年度地理标志行政保护典型案例

1. 浙江省绍兴市柯桥区市场监督管理局查处侵犯"西湖龙井"证明商标专用权案

【案情简介】

第9129815号"西湖龙井"商标为杭州市西湖龙井茶管理协会在第30类"茶叶"商品上注册的证明商标，经续展，专用权期限至2031年6月27日。

2022年9月22日，浙江省绍兴市柯桥区市场监督管理局接到杭州市公安局滨江区分局西兴派出所的《线索移交函》，称该分局在侦办相关案件中，发现当事人在经营王氏有礼食品商行（已注销）期间，涉嫌销售假冒注册商标的茶叶。经查，当事人自2021年3月，从新昌的茶叶市场购入散装茶叶，从某网店购入印有"西湖龙井"字样的包装材料，在其开设的三家门店（其中柯桥区一家，系上述商行）进行销售，截至2022年9月，当事人在柯桥店销售的印有"西湖龙井"字样的茶叶货值金额为3.24万元，被西兴派出所扣押且未销售的印有"西湖龙井"的茶叶共28盒，违法所得共计1.78万元。

2022年10月26日，柯桥区市场监督管理局认定当事人违反《中华人民共和国商标法》（以下简称《商标法》）第五十七条第一项、第三项规定，依据《商标法》第六十条第二款，作出没收侵权商品、没收违法所得1.78万元、罚款6.29万元的行政处罚。

【专家点评】

该案是贯彻落实国家知识产权局、公安部《关于加强协作配合强化知识产权保护的意见》，地方知识产权管理部门与公安机关协作配合，共同有效打击侵犯"西湖龙井"这一知名商标专用权行为的典型案例，对加强构建知识产权行政保护与刑事司法有机衔接、优势互补运行机制，加强跨部门跨区域信息共享、证据互认、案件移送等具有典型意义。

（中国计量大学法学院副院长　冀瑜）

2. 山西省晋城市市场监督管理局查处擅自使用"山西老陈醋"地理标志产品名称案

【案情简介】

2004年8月，"山西老陈醋"获得国家地理标志产品保护，申请人为山西省太原市人民政府，保护范围为山西省太原市清徐县、杏花岭区、万柏林区、小店区、迎泽区、晋源区、尖草坪区，晋中市榆次区、太谷县、祁县现辖行政区域。

2022年3月2日，山西省晋城市市场监督管理局根据举报投诉，对山西省阳城县鑫时泰商贸有限公司进行检查。经查，当事人自2021年11月起印制带有"山西老陈醋"等字样的黑色礼盒

1000个，印制费5.5元/个，在460个礼盒内装入印有"李府""五粮老陈醋"等标签的塑料瓶装醋，货值金额共计2.2万元，违法所得416元。

2022年8月18日，晋城市市场监督管理局认定当事人违反《地理标志产品保护规定》第二十一条、《中华人民共和国产品质量法》（以下简称《产品质量法》）第三十一条规定，依据《产品质量法》第五十三条，作出没收礼盒包装390个、没收违法所得416元、罚款7000元的行政处罚，监督当事人销毁未使用的礼盒包装540个。

【专家点评】

地理标志对保护优质特色产品和促进特色行业发展具有重要意义。作为家喻户晓的地理标志产品，"山西老陈醋"享有良好的市场口碑和很高的市场知名度。该案的查处有效保护了地理标志产品，切实优化了营商环境，也起到了良好的法治宣传教育作用。行政保护部门适用部门规章准确、程序合法，有力打击了侵犯地理标志的违法行为，保证了地理标志产品的质量和特色，维护了消费者的合法权益。

（太原科技大学法学院教授、副院长　赵锐）

3. 河南省新乡市原阳县市场监督管理局查处使用与"龙口粉丝"地理标志产品名称近似名称案

【案情简介】

2002年9月，"龙口粉丝"获得国家地理标志产品保护，申请人为山东省烟台市人民政府，保护范围为山东省龙口市、招远市、蓬莱市、莱阳市、莱州市现辖行政区域。

2022年5月12日，河南省新乡市原阳县市场监督管理局根据投诉举报，对新乡市亿鑫食品有限公司进行检查。经查，当事人自2022年3月开始生产销售"五连包龙亿粉丝"，其产品外包装标有"龙亿粉丝"等字样，其中"龙亿粉丝"中的"亿"字字形与"口"字相似。截至2022年6月，当事人共生产涉案产品150包（25袋/包），销售100包，货值金额共计4500元，违法所得825元。

2022年6月23日，原阳县市场监督管理局认定当事人违反《地理标志产品保护规定》第二十一条和《产品质量法》第五条规定，依据《产品质量法》第五十三条，作出没收涉案产品50包、没收违法所得825元、罚款2250元的行政处罚。

【专家点评】

该案涉案产品产于"龙口粉丝"地理标志保护产品产区外，当事人通过将其产品名称"龙亿粉丝"中的"亿"字与"口"字印刷成相似字体的方式，造成与地理标志产品"龙口粉丝"近似，进而误导消费者，谋取不正当利益。该案查处及时，调查取证过程细致严谨，证据充分，程序适用合规，适用法律准确，处罚力度适当，取得了较好的社会效果，在利用行政手段保护地理标志产品方面具有典型意义，有力彰显了知识产权保护部门打击侵权、优化营商环境的决心。

（河南师范大学法学院副教授、副院长　胡光）

4. 海南省昌江黎族自治县综合行政执法局查处侵犯"澄迈桥头地瓜"证明商标专用权案

【案情简介】

第 24094519 号"⬛"商标为澄迈县桥头地瓜产销协会在第 31 类"新鲜地瓜"商品上注册的证明商标，专用权期限至 2028 年 2 月 13 日。

2022 年 5 月 10 日，海南省昌江黎族自治县综合行政执法局根据投诉举报，对昌江县海尾镇三联村委会昌江恒达伟地瓜基地进行检查。经查，当事人于 2022 年 5 月在澄迈县某路边摊处购买印有"桥头地瓜"证明商标的纸箱，用其将产自昌江县海尾镇的地瓜加工打包销售，涉案货值共计 1.4 万元。

2022 年 6 月 30 日，昌江黎族自治县综合行政执法局认定当事人违反《商标法》第五十七条第一项规定，依据《商标法》第六十条第二款，作出没收侵权商品 18 箱（规格 5kg）和 3 箱（规格 2.5kg）、空纸箱 1079 个、防伪码标签 723 张，没收违法所得 5787 元，罚款 7.6 万元的行政处罚。

【专家点评】

该案发生在海南自由贸易港，涉案的"澄迈桥头地瓜"是当地政府在商标富农工程中多年培育打造的知名农产品品牌，涉案商标享有较高的知名度和美誉度。查办该案的行政保护部门接到投诉举报后及时查处，适用法律准确，有效维护了权利人的合法权益，有助于进一步激发地理标志产品产地群众保护地理标志的积极性，对推动乡村振兴、推进地方特色产业发展具有良好的促进作用。该案的查处充分展现了海南自由贸易港知识产权行政执法的高水准，对推进优化海南自由贸易港知识产权营商环境具有良好的示范作用。

（海南师范大学法学院教授　蔡祖国）

附录 13　第一批地理标志产品保护专用标志核准改革试点典型经验做法

1. 河北省探索建立"三个一"工作模式，完善地理标志专用标志使用核准审查统筹协调机制和标准流程

一是形成一个统筹协调机制。在做好专用标志申请审核工作的基础上，以河北省知识产权局地理标志保护产品专用标志核准改革工作领导小组办公室为依托，统筹协调地理标志专用标志申请电子化、地理标志质量抽检、地理标志运用促进、地理标志宣传等各项相关工作，以地理标志专用标志试点改革为抓手，推动地理标志各项工作有机结合，共同开展。

二是汇总一张审查意见表单。为保障材料审查工作的准确性和高效性，将汇总表、申请书、核验报告、检测报告等各项申请材料的审查要点汇总，形成一张审查意见表单，审查人员对照表格判定申请材料是否合格，各项要求全部合格则审查通过。各项材料合格与否、不合格之处在表格中简单明确易识，提高了审查工作的准确度，方便经验不足的审查人员快速上手。

三是建立一套审查标准流程。依托省、市、县三级知识产权管理机构，充分发挥市、县积极性，将市级知识产权管理部门引入地理标志工作体系，建立了县局现场监管执法、市局辅导初审推荐、省局审核批准的一套标准化申请审核流程。加强对市、县地理标志管理部门的指导和培训，要求各地安排专人负责用标申请审查，统一审查口径，保持审查标准的一致性。

2. 黑龙江省全面实施"双随机、一公开"监管，加强地理标志专用标志使用抽查检查

在选择抽查方式方面有突破。与省市场监督管理局积极协调，创新工作举措，借用市场监管部门抽查清单中"集体商标、证明商标（含地理标志）使用行为的检查"抽查检查事项，利用黑龙江省事中事后监管系统随机抽取确定检查对象、检查人员，派发检查任务，录入检查结果，确保抽查检查工作公平公正。

在确定抽查比例方面有创新。在确定抽查比例时，结合工作实际，将专用标志使用企业平均抽查比例确定为 10%，同时充分利用事中事后监管系统有关抽取规则，对每个地理标志管理部门单独设定抽查比例，且最少抽取 1 户，实现了已使用地理标志抽查检查的地区全覆盖。

在设定检查事项方面有重点。在确定检查事项时，除按照《地理标志专用标志使用管理办法（试行）》规定对企业是否按照相关使用管理规则组织生产地理标志产品、是否规范标示地理标志专用标志等进行检查外，还重点增加了是否已在 2021 年 1 月 1 日后生产加工的地理标志产品包装上停止使用旧版专用标志、是否按照要求报送了 2020 年度地理标志专用标志使用相关情况等检查事项，进一步督促专用标志使用企业履行专用标志使用义务，规范专用标志使用行为。

在公开检查结果方面有成效。一是检查人员将检查结果录入黑龙江省事中事后监管系统后直接与相关企业信息关联，在企业信用信息公示系统直接公开；二是省知识产权局汇总检查结果并提出处理意见，在省知识产权局官网向社会公开。

3. 黑龙江省切实加强地理标志专用标志重点监管，强化重要时段、重要区域和重要产品的地理标志保护

突出"一三五"，即突出一个重要时段，结合黑龙江省地理标志产品种类，以在 9 月底至 11 月底地理标志产品集中大量上市的时间段开展专项行动；突出三个重要区域，组织各地市场监管部门对辖区内大型商超、农贸市场、专卖店等重点区域进行排查；突出五类重要产品，以粮油、蔬菜、畜禽、瓜果、水产品等省内外高知名度地理标志产品为保护重点，规范地理标志专用标志使用行为，严厉打击地理标志领域违法行为。

据初步统计，在 2021 年秋季地理标志保护专项行动中，全省共检查各类主体 416 户次，立案 10 件，已结案 4 件，罚没款 2.4 万元。其中，哈尔滨市市场监督管理局依法查处了省知识产权局交办的 1 件违法使用与原国家质量监督检验检疫总局地理标志保护产品专用标志近似标志的案件，罚款 1.8 万元；齐齐哈尔市、大庆市市场监管部门依法对未经许可擅自使用地理标志专用标志行为进行了立案调查；伊春市知识产权局结合本地实际将秋季地理标志保护专项行动与粮食生产经营专项整治行动相结合，组织开展了打击侵犯"五常大米"地理标志专项行动，抽调相关业务科室组成办案小组，检查超市 6 家，粮油店 35 家，发现案件线索 6 条，其中立案 5 件，线索移送五常市市场监督管理 1 件。

4. 江苏省构建地理标志专用标志申请审核新机制，突显申请便民、要求精简、核准高效和程序规范

围绕试点工作要求，以创新为己任，突出"便、简、快、规"，打造试点工作江苏"极速版"和"极简版"。一是坚持"便"字为先，申请更便民。根据不同申请人的多样化需求，设置在线提交和窗口报送两种申请方式，申请人可自由选择；在线报送可实现全流程不见面审批，契合了"让百姓少跑路，数据多跑腿"的"放管服"要求，极大地方便了申请人。所有申请均为网上提交、在线申请，实现 100% 全流程不见面审批。二是坚持"简"字为基，要求更精简。以"申请简化、审核简化、流程简化"为目标，将申请材料件数压缩至 4 件，申请环节压缩至 2 个，申请人只需要提交必要材料，其他可以通过查询掌握的信息由数据库自动匹配获取；去除专家审核论证环节，省知识产权局受理申请材料后，在线审核材料的完整性和准确性，5 个工作日内即可得出结论。三是坚持"快"字为重，核准更高效。优化申请审核方式，大胆废除原有县、市、省逐级上报审批模式，改为省直窗口直报，实现申请材料一键式提交、受理审核一站式服务，用标申请审核时间缩短至两周左右。四是

坚持"规"字为本，程序更规范。注重边试点边完善，通过下发通知、制定流程规范，明确申请受理的条件、审核批准的流程、专用标志的使用、保护与监督方式等，形成了全流程、体系化的制度规范。此外，建立产品（服务）标准自我声明公开和监督制度，引导企业主动公开产品（服务）标准信息，自觉接受社会监督，以过硬质量标准引领推动试点工作有序开展。

5. 江苏省打造地理标志品牌保护新模式，强化"苏地优品"品牌保护，加强标准质量管理，促进地理标志产品品质提升

持续放大试点工作效应，加强标准质量管理，规范标准管理流程，强化"苏地优品"品牌保护。一是加强质量管控。以试点工作为契机，不断完善质量管理体系，推动相关行业协会和企业与检验检测机构建立合作关系，加强产品质量管控和流程规范。完善地理标志产品原料获取、生产加工、市场销售全流程电子化管理机制，推进二维码、防伪标签等质量追溯信息化手段应用。推动南京市、苏州市知识产权局制作发放43.4万枚新版地理标志专用标志，并开展地理标志产品追溯查询服务，受到了企业好评。二是加强标准管理。指导镇江香醋、盱眙龙虾加强标准化管理，推动阳山水蜜桃、吴中大米、黄桥烧饼等产品制定地理标志标准14项，指导协会牵头制定团体标准11项，用高标准引领地理标志产品质量提升。建立产品（服务）标准自我声明公开和监督制度，引导企业主动公开产品（服务）标准信息，自觉接受社会监督，增强企业自律管理。三是加强品牌保护。运用互联网大数据和电子商务手段，创新宣传推介方式，开展"苏地优品"地理标志品牌产品直播推介系列活动，提高地理标志产品知名度，推动1251家单位使用地理标志专用标志，专用标志使用效率显著提升。

6. 江苏省探索地理标志维权保护新路径，加强跨区域、跨部门执法合作，加大重点领域监测预警和执法力度，开展重点领域保护

以试点工作为契机，加强跨区域、跨部门执法合作，加大重点领域监测预警和执法力度，营造地理标志良好发展环境。一是建立执法协作机制。推动建立健全长三角、淮河生态经济带等跨区域地理标志保护协作机制，形成信息互联、资源互通、区域互助、优势互补的工作格局。加强与公安、法院、农业农村、商务等部门的工作联动，在职责衔接、公益诉讼、行业自律等方面形成监管合力。发挥市场监管体制优势，在食品安全、价格、广告、计量、网络监管、知识产权保护等领域强化信息共享，提高联合办案效果。二是加大执法检查力度。推动将企业地理标志使用行为纳入"双随机一公开"抽查计划，定期对主要农产品批发市场、大型超市中涉及地理标志的商品进行检查抽查。加强对地理标志使用情况的监控，严厉打击地理标志商标侵权、不规范使用地理标志专用标志等行为，形成从严执法的高压态势。累计开展地理标志使用情况抽查检查60余次，抽查合法使用经营主体1300余家、各类场所120余个，查处案件77件。三是开展重点领域保护。加强对电商平台、物流、仓储等产品流通重点环节的监管，指导全省各级知识产权局建立电子商务企业及电商平台日

常监管工作机制，加大网络侵权假冒行为查处力度，深挖生产源头，切断流通链条，实施线上线下协同治理。南京市建成并试运行"南京地理标志产品追溯平台"，强化地理标志统一管理和溯源监控。苏州市吴中区市场监督管理局按照省市部署要求，结合实际印发《"洞庭山碧螺春"品牌保护告知书》，专程赴淘宝、京东等电商平台沟通对接，规范网络销售行为，净化经营市场环境。

7. 安徽省重视活动宣传、媒体宣传、"六进"宣传和专栏宣传，引领地理标志保护产品专用标志使用核准改革试点宣传工作走深走实

为使改革试点工作尽快深入人心、加速转化为工作成果和经济效益，安徽省市场监督管理局（知识产权局）（以下简称安徽省局）注重加大宣传推广力度，取得了良好效果。

一是活动宣传。2020年4月，安徽省局利用春茶上市，部分企业申请使用茶叶地理标志产品专用标志之机，与黄山市市场监督管理局（知识产权局）联袂打造了"2020年第十四届太平猴魁茶文化节和安徽省地理标志保护产品专用标志使用核准改革启动仪式"，5家企业获批安徽省首批使用新的专用标志企业，中央电视台、新华社、安徽电视台及中国网直播等数十家媒体采取现场直播等方式报道了此次活动盛况，为改革试点工作良好开局吹响了号角。

二是媒体宣传。利用《安徽省地理标志保护产品专用标志使用管理办法（试行）》出台之机，先后两次开展了改革试点工作集中宣传，《中国知识产权报》、《中国质量报》、"学习强国"平台、人民网、凤凰网等20余家媒体通稿进行了报道。依托"知识产权助力脱贫攻坚""知识产权竞争未来"主题采访活动，20余家中央和地方主流媒体大力宣传地理标志兴农、专用标志富农，营造了安徽省改革试点工作与精准扶贫、乡村振兴战略"双赢""双促进"的良好氛围。

三是"六进"宣传。为推动改革试点工作在末端的落实，安徽省局采取改革试点宣讲进党校、进机关、进乡镇、进企业、进田头、进农户"六进"活动。两年来，安徽省局先后派出35批次人员，深入基层一线宣传改革试点工作的意义作用和推进的方法途径，共开展业务宣讲13次、工作咨询46次、技术服务12次，受众达3000余人次，为改革试点工作走深走实奠定了坚实基础。

四是专栏宣传。在安徽省局官网开设"地理标志"专栏，编制了地理标志产品、商标及用标企业信息数据库，及时公告公示专用标志核准使用及换标情况，方便社会各界查询调用，初步实现了"互联网+地理标志监管"，扩大了改革试点工作影响。开通安徽省地理标志QQ工作平台，及时为县市局下发改革试点相关业务知识、图片视频、工作指南等信息，及时解决改革试点中遇到的困难和问题。

两年来，安徽省局共核准181家企业使用专用标志，涉及33个地理标志产品，备案率及通过率（含经补正通过）高，全省地理标志产品用标企业达668家，使用新标率达100%，圆满完成了改革试点任务。

8. 安徽省扎实开展地理标志保护专项行动，做到春茶保护精准打击、秋季行动全力出击、知名产品升级阻击，推进专用标志改革监管工作落实见效

为确保地理标志产品质量、声誉和经济效益，安徽省知识产权局连续数年扎实开展地理标志保护专项行动，改革试点成果得到充分显现。

一是春茶保护精准打击。针对安徽茶叶大省实际，从 2020 年开始，安徽省知识产权局即着手建立春茶地理标志保护名录，39 个茶叶品种、779 家用标企业纳入保护范围。2021 年 4 月，在习近平总书记视察安徽金寨县大湾村五周年和第二十一个世界知识产权日之际，安徽省知识产权局与六安市知识产权局在该地联合举行了安徽春茶地标保护·茶产业质量提升宣传周（六安）启动仪式，确保春茶产品始终处于严密的保护体系之中。

二是秋季行动全力出击。近两年每至秋季，适逢粮油、水产、瓜果、蔬菜、畜禽、茶叶、中药材等地理标志产品上市之时，安徽省知识产权局都紧紧围绕查处擅自使用或伪造地理标志名称及专用标志行为，查处使用与专用标志相近、易产生误解的名称或标示等"六个重点问题"，开展秋季地理标志保护专项行动，严查侵权假冒行为，曝光相关典型案例，地理标志及专用标志监管得到较好落实。

三是知名产品升级阻击。针对霍山石斛、古井贡酒、六安瓜片、太平猴魁茶等地理标志知名产品易被侵权假冒问题，安徽省知识产权局在专题调研基础上，试点推行了地理标志产品专用标志保护溯源管理系统，加强了对生产地、销售地、流通地的闭环管理，为地理标志知名产品保护提供了有力支撑。

两年来，安徽省知识产权局通过春茶、秋季地理标志保护专项行动，共查处假冒地理标志专用标志及商标的案件 46 起，罚没金额及物品价值 48.6 万元。相关做法被《中国市场监管报》《中国知识产权报》、"学习强国"平台、人民网、新浪网等 10 多家新闻媒体通稿宣传。

9. 福建省健全工作体系，推动地理标志标准的制修订工作，完善检测机构，提高检测能力，推动提高地理标志专用标志使用覆盖率

试点期间，福建省共核准公告 16 批次 642 家企业使用专用标志，截至 2021 年底，全省共 1821 家企业核准使用地理标志专用标志，数量位居全国首位。为不断扩大地理标志专用标志的使用覆盖面，福建省在推动地理标志商标企业通过制修订系列标准、提高检测能力、规范生产流程上苦练内功，推动更多的市场主体使用地理标志专用标志，充分释放改革红利。

制定发布了《地理标志产品　茶口粉干》《地理标志产品　连江海带》等地方标准。新制定 39 件地理标志商标产品团体标准。修订《地理标志产品　政和白茶》国家标准、《地理标志产品　平潭水仙花》等标准。漳州市将 2021 年确定为"漳州市地理标志标准建设年",全市全年新发布实施地理标志产品团体标准 19 项。安溪县完善 2 个国家级茶叶检测机构(国家茶叶质量监督检验中心、国家茶叶检测重点实验室)、2 个国字号科技平台(泉州国家农业科技园区、国家茶叶质量安全工程技术研究中心)、1 个茶树良种繁育基地的建设。福鼎市茶业协会联合宁德市市场监督管理局开展"标准入企"活动,定期开展生产过程合规性检查。武夷山市制作武夷岩茶国家标准样品,制定了《武夷岩市茶产品质量安全警示制度》。

10. 广东省建立"四个一"地理标志专用标志使用核准技术审查制度,形成审查工作制度,制定审查工作流程,组建审查专家团队,建设线上申请核准系统

公正、客观、精准、高效评价专用标志申请材料,是核准使用专用标志工作的重点。广东省坚决贯彻落实国家知识产权局改革试点工作要求,坚持问题导向,聚焦关键环节,推动改革创新,严控审查质量,在全国率先建立"四个一"地理标志产品专用标志使用核准技术审查制度。

一是建立一套严谨规范的技术审查工作制度。组织制定《广东省地理标志产品专用标志使用申请技术审查工作制度》和《广东省地理标志专家库管理办法(试行)》,对技术审查的形式、主要内容、审查程序、评审会专家组成和地理标志专家库人员的遴选与管理等方面做出了明确规定。严格按照"专业领域+标准化+质量检验+知识产权+人文地理"组成技术审查会专家评审组,严格把控质量。工作制度和管理办法的出台为高质量推动地理标志专用标志使用核准改革试点工作提供了制度保障。

二是制定一套行之有效的技术审查工作流程。建立技术审查会议制度。召开审查会议明确评审规则、总体要求和工作程序。专家评审组独立开展技术审查工作,全面审查申请资料的完整性,重点审查检验检测机构资质、产品检验依据、产品特色指标值及结论。全程录音录像,保证技术审查公平公正。

三是组建一支门类齐全的技术审查专家团队。面向全国遴选知识产权、标准化、质量检验以及中药材、种植业、养殖业、食品加工、工艺品加工、人文地理、农业农村等覆盖地理标志产品各个领域的 511 名地理标志专家,组建"广东省地理标志专家库",为高效开展技术审查提供专业支撑。

四是建设一套便捷利民的线上申请核准系统。建设广东省地理标志专用标志使用申请核准系统,从工作流程上打通申请—初审—形式审查—技术审查—公示—公告全电子化工作链条,实现核准进度全程可视化,及时反馈技术审查结果,提高了审查效率,降低了申请成本。

试点期间,共召开技术审查会 9 次,审查 36 种地理标志产品 329 份专用标志使用申请材料,共发现 59 份申请材料不符合专用标志使用要求,严格把好了审查质量关。

11. 广东省建立行政机关与保护中心的协同联动工作机制，审查业务、宣传培训、推进地理标志专用标志使用协同联动

根据国家知识产权局试点改革"放管并重原则"和探索建立专用标志核准工作体系要求，广东省立足本省实际，创新工作模式，推动省知识产权局统筹协调职能与省知识产权保护中心专业支撑优势有机结合，探索建立行政机关与保护中心"1+3"协同联动工作机制，即建立一个统一的改革试点领导机构，在审查业务、宣传培训和推进用标等专用标志核准使用重点领域开展协同联动。

"1"个统一的改革试点领导机构：省知识产权局成立"广东省地理标志产品专用标志使用核准改革试点领导小组"，吸纳省知识产权保护中心有关业务部门负责人参加，对试点工作实行统一领导。省知识产权局组织制定《全省地理标志产品专用标志使用核准试点改革方案和实施计划》，明确省知识产权保护中心组织承担技术审查等工作。

"3"个重点领域开展协同联动：

审查业务协同联动。省知识产权局将专用标志试点改革纳入年度工作重点，指导省知识产权保护中心开展技术审查、建立信息台账和档案。省知识产权保护中心在组织技术审查前报送技术审查计划、技术审查中视情适时报告进展、审查后及时报送审查结果。

宣传培训协同联动。省知识产权局联合省知识产权保护中心共同举办地理标志培训，宣讲《地理标志专用标志使用管理办法（试行）》和专用标志使用监管政策制度，开展地理标志专用标志申请使用核准流程、技术审查要点等业务培训。开展常态化专用标志使用申请咨询服务工作。

推进用标协同联动。省知识产权局组织制定专用标志使用推进计划和加强地理标志保护助力脱贫攻坚项目。省知识产权保护中心通过承接项目主动参与，积极动员符合专用标志使用条件的生产企业申请使用专用标志，大力推进专用标志使用。改革试点期间累计有329家生产企业申请使用专用标志，16种地理标志产品实现用标企业零突破。

12. 海南省大幅度精简地理标志专用标志使用申报材料，缩短审核时限至全国最短

一是进一步压缩审核时限。改革试点工作开始后，海南省知识产权局迅速印发了《海南省地理标志保护产品专用标志使用核准工作规范》，明确了市县—省局两级核准制度，审核时限平均不到5个工作日，大大缩短了市场主体等待时间。2021年4月对上述工作规范进行了修订，进一步明确将审核时限压缩为1个工作日，此时限为全国最短。

二是进一步精简申报材料。如申请人无须提供市县政府或主管部门出具的产地范围证明，仅在市县知识产权管理部门核验报告中说明即可；申请人无须提供主体资格证明，直接由初审部门通过系统查询即可；市县局无须提供申请用标市场主体名单使用专用标志生产者汇总表（盖章）等，进一步提高了便利化程度。

三是优化市县知识产权管理部门请示件模板和省知识产权局核准公告模板。市县请示件模板表述更简洁、清晰；省知识产权局核准公告模板更科学合理，且明确了市县知识产权部门承担的具体职责。

13. 海南省大幅度提升地理标志专用标志使用核准工作信息化管理水平，实现全程网上办理

一是2021年6月，海南省知识产权局就地理标志保护产品专用标志使用核准业务设计了"地理标志专用标志申报"网上系统，并将其纳入既有的"海南省知识产权综合服务平台"，实现地理标志专用标志使用申报全程网办。这在全国属创新工作，既进一步方便了市场主体申请用标，又有利于知识产权管理部门快速核准。市场主体无须定点提交纸质材料，只须"坐在家中"通过互联网轻松提交申请材料，再由市县局和省局通过网络进行审批即可，进一步提高了政务服务便民利民水平。

二是实现"地理标志专用标志申报"网上系统与省一体化政务服务平台的互联互通，通过实时传输数据，不断完善办事指南，实现用标企业信息及业务办理情况的实时查询，为各市县建立专用标志管理台账，开展专用标志使用监管提供了数据平台。

14. 四川省探索形成"123审查工作经验"，核准工作"1"个办公室负责、材料审查"2"人负责、审核事项"3"级负责

"1"即一个办公室负责制。将四川省知识产权局改革试点工作领导小组办公室设在具有负责地理标志相关工作职能职责的商标监管处，避免多头指挥、信息传达不畅影响改革试点工作。同时将地理标志高质量发展工作与改革试点工作有机结合和融合，以专用标志核准工作带动地理标志产品、产业链、示范区和专用标志监管等方面的共同推进。

"2"即材料审查两人负责制。为保障材料审查工作的延续性和高效性，办公室安排有多年地理标志相关工作经验的2名同志负责申请材料审查工作，指定2人互为A、B角，加强审查人员的业务培训，做到统一认识、统一标准。在工作中强化主动服务意识，提倡"换位思考"，站在申请人角度，急企业所急，特殊办件采取专人专办、从快审核的方式，力争在承担事务性工作的同时不遗漏每一件材料接收、审核等工作，依法依规完成了企业用标审查工作。

"3"即审核事项三级负责制。建立由产地市场监管部门初核+成员单位核查+办公室审核的审查负责制。首先产地市场监管部门负责对申请人的申请资格、是否生产地理标志产品等方面进行初核；然后各成员单位依据自身职责对企业登记注册内容是否一致、所用标准是否有效并备案、是否被行政处罚、提供检测报告的机构是否具备CMA资质等内容再次进行核查；最后由领导小组办公

从申请材料完整性、规范性、合格性、成员单位反馈意见等方面汇总，形成最终审查报告，报领导小组组长审批，完成所有后续相关工作。三级负责制大大提高了申请使用核准质量。

15. 四川省开展地理标志专用标志"双随机、一公开"检查、专项抽查和地理标志网络侵权监测，切实强化地理标志专用标志监管

新版地理标志专用标志正式公告使用以来，加强对专用标志合法使用人进行规范使用的指导和监管一直是我们的工作重点。四川省知识产权局充分运用QQ、微信等新媒体建立工作群，及时解答基层对申请专用标志的疑问、宣传使用专用标志的意义、传达国家和省级层面地理标志相关文件，提升基层地理标志业务工作能力。

2021年，四川省知识产权局提前谋划对专用标志的监管，率先主动将专用标志的使用情况纳入"双随机一公开"检查，下发检查工作通知，构建"地理标志专用标志使用行为检查工作指引"，明确检查事项，细化"检查市场主体是否为核准使用地理标志专用标志的合法使用人，检查合法使用人是否使用地理标志专用标志，检查合法使用人使用的地理标志专用标志是否为核准下发的专用标志"等11项检查要点并设定工作表格，逐条梳理检查依据，提出工作要求。在全省1028家核准使用地理标志专用标志的企业中，按"双随机一公开"检查最高30%的比例，共抽取308户开展检查。通过"双随机一公开"检查，强化了合法使用人规范使用专用标志意识，同时"以点带面"了解各地专用标志使用、监管等情况，为下一步开展工作提供了基础。

持续开展地理标志产品年度专项质量抽检工作，并力争对全省296件地理标志产品做到三年一轮回的专项质量抽检，全面掌握地理标志产品现行标准、现有产品特色质量等情况。对不合格的产品严格落实监督抽查后处理，暂停专用标志使用，责令整改，经整改、检测符合要求的，才可继续使用专用标志，从而确保地理标志产品的特殊品质。2019～2021年，省知识产权局共投入预算经费近80万元，对全省165个产品400批次开展检测，对不符合要求的2个产品10批次责令各市州按照监督抽查后处理要求进行了调查处理，对不合格原因进行了分析整改，提升了地理标志产品品质和质量。

针对网络侵权查处难的问题，四川省知识产权局创新工作方式，加强地理标志和专用标志的监管，结合"双11"等重点时段，在主流电商平台和省内部分电商平台上探索开展商标和地理标志网络侵权监测，监测到侵权和违规使用地理标志有效线索30条，涉及7市州的10个市场主体，已立案查处2件，对2个市场主体责令整改。

16. 贵州省建立健全试点工作制度体系，试点工作"有章可循""有书可证""有路可退"

一是制定试点基本制度，使试点工作"有章可循"。制定《贵州省市场监管局地理标志保护产品专用标志使用核准改革试点工作办法》，经省司法厅合法性审查，2020年6月以规范性文件形式出台。明确了专用标志使用申请以及变更核准流程，规定了省、市、县三级市场监管（知识产权）部门的办理事权和办理时限，压缩了实地核查和资料审查周期，并对专用标志的使用和监管作出了规定。从受理到核准公告，流程清晰、时限明确，省、市、县三级协同推进，使试点工作规范化、制度化。

二是制定试点工作文书，使试点工作"有书可证"。出台了《贵州省地理标志保护产品专用标志使用核准改革试点文书格式范本》，制定了"申请文书""变更文书""注销文书""备案文书""审批文书"五大类16种文书。按照"边实践、边总结、边完善"的工作思路，2021年12月，贵州省知识产权局对试点文书进行了修改完善，修订了变更申请书，增加了"注销申请书"，进一步夯实试点工作基础。试点工作规范化，使试点工作稳步推进，到2021年底，共核准128家企业用标，专用标志使用覆盖率由试点前的34.2%提高到55.9%。白果贡米、花秋土鸡、玉屏茶油等14件地理标志产品用标企业实现"零突破"。

三是完善注销程序，使试点工作"有路可退"。在"换标"工作以及日常监管中，发现部分用标企业已不具备用标条件，如果没有退出机制，不仅造成资源浪费，还会影响地理标志产品的质量和信誉。贵州省知识产权局在2021年底完善了注销程序，新增加"注销申请书"。两种途径可启动注销程序：其一，企业停业或注销，主动申请注销用标资格；其二，企业存在严重违法行为或停产后找不到联系人等，由企业所在地县级市场监管部门提出注销申请。包括但不限于以下几种情况可启动注销程序：一是未按相应标准和管理规范组织生产的；二是两年内未使用专用标志的；三是存在制假售假等重大违法行为的；四是产品连续三年抽检不合格的；五是企业已经注销或被吊销的；六是提交虚假材料取得登记的；七是其他不具备生产条件的情形。试点工作期间，共注销7家企业专用标志使用资格。对连续两年抽检不合格的1家用标企业正在启动注销程序。

17. 贵州省探索搭建地理标志专用标志使用核准网上申报平台，推进试点核准工作便利化

一是实现用标工作全流程网上流转。为推进试点工作便利化，贵州省知识产权局于2021年开始探索开发网上申报平台，通过不断修改完善和试运行后，"贵州省地理标志保护产品专用标志核准使用平台"于2021年1月1日正式上线运行，申请人可通过电脑或手机提交申请材料。系统运行之初先开发"申请"模块，实行"线上申请、线下核准"的模式。网上审查通过后，需要市级提供全套纸质申请材料再走审批盖章程序。贵州省知识产权局"边开发、边使用、边完善"，2021年下半年省、市、县三级全部启用电子印章，使网上审批成为可能。为使所有流程和资料全部网上流转，又完善了手机端审核流程，现场核查时，工作人员通过手机进入申报系统上传现场图片及资料，系统自动生成核查证明。又陆续增加"变更、注销"模块，逐步实现申报、审批全程网上流转。原线下纸质材料审核需 30 日，现全程网上审核仅需 7 天。极大压缩了核准时间，提高了工作效率，更好更快地为用标企业提供高效便捷的服务。

二是合理利用已有资源，实现信息互联互通。在用标系统开发过程中，为把有限的工作经费花在刀刃上，其一是对内利用原有的"贵州市场监管综合业务管理系统"，新增"地标审核"栏目，由此进入进行内部审核。基础数据和基本情况录入后，相关文书可自动生成，避免反复、多次录入，减少工作量。其二是将申报系统与"国家企业信用信息公示系统（贵州）"连通，申请人的企业注册登记、变更信息可自动导入申报平台，申请人填写申请书时只需输入社会信用代码，企业基本信息可自动带入，极大方便了申请人。核准公告后，公告信息自动导入公开，同时记于企业名下，方便群众查阅。如地理标志使用资格发生变更、注销等，以及用标企业受到行政处罚，相关信息也可同时关联到"国家企业信用信息公示系统（贵州）"。避免了新开发的申报平台成为"信息孤岛"。

18. 贵州省实施"双随机、一公开"和信用监管，保证地理标志特色质量，让地理标志真正"亮"起来

一方面，建立和完善地理标志产品专项抽查制度。试点工作开展以来，坚持地理标志产品专项抽查制度。每年组织 1 次专项抽查，制订年度抽查计划，抽取地理标志产品和用标企业，对产品质量进行抽样检测，以保证地理标志产品质量特色的符合性和一致性。试点工作开展以来，共对 14 类地理标志产品、81 家用标企业的产品进行抽查检验，并将抽查结果进行通报。对生产不合格产品的企业，依法查处。

另一方面，建立长效机制，实施信用监管。一是将地理标志专用标志监督检查列入"双随机、一公开"抽查事项清单，对地理标志产品的质量、包装、标识使用等进行抽查，抽查结果通过"双随机"系统公示，并在全系统进行通报。抽查不合格的企业依法责令改正、予以处罚。二是用标企业核准、变更、注销以及处罚情况均通过"国家企业信用信息公示系统（贵州）"予以公示。2021 年，对一家连续两年抽查不合格的企业予以处罚并责令其注销用标资格。2019 年抽查 40 家企业仅有一家产品不合格，2020 年抽查 41 家企业有 5 家不合格。绝大多数用标企业能保持地理标志质量特色。

下一步，贵州省知识产权局将根据《国家知识产权局知识产权信用管理规定》，结合试点工作情况，进一步做好信用监管，对地理标志用标企业失信行为实施失信认定，对守信企业实施守信激励。

19. 云南省建立省、州（市）、县三级联动、分工负责的审核工作流程，落实专项工作经费

制度体系先行。为确保地理标志保护产品专用标志使用核准改革试点工作的顺利开展，省市场监督管理局高度重视该项工作，及时成立工作领导小组，加强组织领导，细化工作措施，把建立地理标志产品专用标志使用核准工作体系作为首要任务，通过研究讨论，制定印发了《云南省市场监管局关于推进地理标志保护产品专用标志使用核准改革试点工作方案》《云南省地理标志保护产品专用标志使用核准工作规程（试行）》等8个文件，建立了省、州（市）、县三级联动、分工负责的审核工作流程，优化申请文书，努力提高审核效率和服务质量。

落实经费保障。"兵马未动，粮草先行"，开展地理标志保护产品专用标志使用核准改革试点工作之初，省市场监督管理局制定专项资金项目预算，积极争取财政支持，通过强化宣传、指导、运用促进和保护等环节的工作，全面促进试点工作的开展。进一步落实云南省地理标志保护产品专用标志使用核准工作经费（4.8万元）、地理标志运用促进经费（160万元）等经费，为试点工作提供保障，也进一步加强了地理标志保护产品专用标志使用核准改革试点的影响和效果。

20. 陕西省严控地理标志专用标志使用核准质量，不断优化核准机制，严格按照程序开展核准工作

对企服务，营造专用标志用标申请外松环境。一是省、市、县（区）三级联动通过授课、座谈、走访等形式强化地理标志专用标志的重要性和加强申请流程宣贯，让专用标志核准改革中申请便利和程序简化优势深入人心，为企业下发申请材料清单，让企业对所需材料一目了然，通过"填空"式对照提交，让企业减少畏难情绪。二是在省知识产权局规划协调处与省地理标志发展促进中心开设专用标志核准受理窗口，分别接收由行政管理部门逐级报送和由企业直接提交的申报材料，多途径全面开展受理工作。三是为了鼓励企业申报，不打击企业用标积极性，窗口采取"容错纠正"方式，对企业提交的申报材料全盘接收，不推辞、不拒绝，接收后窗口工作人员现场指导企业对不完备、不正确的地方进行补正，有必要的出具补正意见，实现企业"只跑一次"。

对上负责，严格审核确保质量实现内紧要求。一是成立了由省知识产权局局长担任组长的陕西省地理标志保护产品专用标志使用核准改革领导小组，在规划协调处设小组办公室具体负责核准工作相关事宜。二是本着核准事项下沉审核标准不放松的原则，严格按照"企业申请—县区核验—市局抽查—窗口初审—技术审查—公告核准"程序开展核准工作。三是严把三道关，即县区知识产权部门对企业经营资质信誉、产品产地来源把关，专家技术审查会对检测报告、产品质量、申报要素把关，领导小组对公开公正、程序规范性把关。工作制度的落实大大提高了专用标志核准质量。

21. 陕西省开设地理标志专用标志受理窗口、完善检验检测体系、开发线上管理系统和服务平台

组织机构支撑：为进一步加强陕西省地理标志公共服务机构能力建设，保障专用标志核准改革试点工作顺利推进，在相关部门重视下，在省知识产权局积极争取下登记成立事业单位"陕西省地理标志发展促进中心"，现加挂在陕西省知识产权信息中心（原中国杨凌农业知识产权信息中心）。在中心设立了"地理标志产品专用标志使用申请受理窗口"（实体窗口）并设置2名专职人员负责，

若干兼职人员配合，承担面向全省企业的专用标志使用核准对外受理及公共服务工作。

技术机构支撑：一是为提供地理标志专用标志核准工作在产品检测上的便利，推进地理标志产品专业检验检测机构全省布局，陕西省知识产权局率先在宝鸡市批准建设陕西省地理标志产品检验检测（宝鸡）中心，通过建立标准库检测扩项完善专业地理标志产品检测中心，逐步探索建立专业地理标志产品检验检测网点。二是为充实地理标志专用标志核准工作技术支撑，遴选了来自省内外质量、检验、标准、知识产权、农业、法律等领域的行业专家30人，建立了地理标志专家库，并在专用标志核准试点实践中充分发挥出了专业人才的技术优势，为试点工作的顺利推进发挥出了智库作用。

信息平台支撑：试点期间开发上线了陕西国家地理标志专用标志核准管理系统、地理标志展示服务平台、地理标志溯源管理系统，并开展建设地理标志数据可视化系统项目，建设实现数据共享和互联互通，通过多个系统的逐步上线和完善，既提升了专用标志核准的便利性，又提高了对用标企业后期管理的能力。

22. 陕西省充分利用活动载体多维度开展宣传，通过各类国际交流合作平台拓展海外市场，推动中国地理标志产品"走出去"

各大展会展示成果。在国家知识产权局指导下，连续三年在"中国杨凌农业高新技术博览会"上举办"全国地理标志产品展"，开展"地理标志助力脱贫攻坚""地理标志促进乡村振兴"系列论坛，累计邀请全国各省市用标企业展出275个地理标志产品，既展示了陕西省地理标志的风采，也学习了外省的经验。与此同时，积极组织地理标志专用标志用标企业在"中国品牌日"产品展、"自主品牌博览会"、"中国国际商标品牌节"、"一带一路"陕西特色商品专题展（福州）等具有影响力的展会中参展，让陕西的地理标志走出去。

媒体宣传扩大影响。两年来连续开展"地理标志三秦行"专题宣传活动，省知识产权局与《中国知识产权报》《陕西日报》《陕西农村报》等多家新闻媒体共同合作，由地理标志管理者和记者组成"既是宣传队，又是工作队"的采访小组，通过深入一线进行实地采访，宣传报道发生在核准试点期间的典型事例和成功经验，也在一次次深入基层采访期间向相关企业和农户讲解地理标志专用标志的申报、使用和管理知识。

知识产权保护交易平台让企业见实效。省知识产权局授予金口碑商城"陕西地理标志产品展示交易平台"并指导设立了陕西地理标志产品旗舰店，为用标企业打造销售服务平台，通过店内举办"专用标志使用管理规范座谈会"、"2021春茶座谈会"、系列线上B2C专题营销等活动促成10余项大型采购订单。通过多种形式的促产促销，提升了陕西省地理标志知名度和市场竞争力，也更加激励了地理标志产品生产企业的用标积极性。